El poder de una visión

El poder de una visión

Una experiencia que dejó huella

Antonio Montes

Dedicado a todas las personas que
trabajaron en la organización

Prefacio

Hace 25 años tuve la oportunidad de vivir una experiencia de trabajo extraordinaria. Una experiencia que, de una u otra forma, marcó la vida de todos los que trabajábamos en la organización. Una experiencia que dejó una huella imborrable en nuestros recuerdos.

Hay dos motivos por los que ahora, después de tanto tiempo, escribo sobre esta vivencia. Uno de ellos es para no olvidar, y poner por escrito los recuerdos que han estado viviendo en la memoria. Recuerdos que, con el paso del tiempo, temen perderse en el laberinto del cerebro, y anhelan una vida propia e inmortal en las páginas de un libro. Pero el motivo principal es intentar narrar de forma ordenada y coherente el sinfín de remembranzas de esa época, y crear un registro de la aventura que compartimos un grupo de personas apasionadas por lo que hacíamos.

La aventura que relato en este libro fue extraordinaria por su simplicidad. En la organización que construimos se vivía en armonía, trabajando como un solo equipo para lograr un propósito común. El liderazgo era visible, nuestra visión era clara, y el compromiso de todos era absoluto. Nuestro destino no era el lugar al que íbamos, sino la aventura que vivimos para llegar ahí.

Todo lo que narro en las siguientes páginas ocurrió tal cual lo recuerdo. Cualquier discrepancia con la realidad no es intencional, y solo puede atribuirse al tiempo transcurrido, y a la pasión e intensidad con la que vivimos esos momentos inolvidables.

Día de la Madre

Era muy temprano en la mañana el sábado 11 de mayo de 1996. Era una fecha especial, la víspera del Día de la Madre. La empresa se había preparado para este día desde hacía un año, literalmente desde el día siguiente al Día de la Madre del año anterior. Hoy, la organización entera trabajaría desde el amanecer hasta el anochecer. Sería una fiesta, una fiesta inolvidable.

El Día de la Madre tiene su origen en la antigua Grecia, donde se homenajeaba la figura materna como símbolo de fertilidad y vida. Igualmente lo hicieron los antiguos romanos, rindiendo tributo a Cibeles, la diosa de la madre tierra y símbolo de fertilidad. En siglos posteriores, los países cristianos empezaron a honrar a la Virgen María, celebrando el día de la Inmaculada Concepción. Pero el Día de la Madre como lo conocemos hoy es resultado de la perseverancia de dos mujeres estadounidenses, que lucharon para que su país dedique un día para homenajear a las madres. Eventualmente, en 1914, el Congreso de Estados Unidos aprobó la fecha del segundo domingo de mayo como fiesta nacional y lo declaró el Día de la Madre. Esta tradición fue adoptada por muchos países, entre ellos el Perú.

Si bien es cierto que la intención original era que el Día de la Madre fuera un día de apreciación y conmemoración a las madres, la idea de hacerles un obsequio fue tomando forma, y eventualmente se convirtió en una costumbre. En la actualidad, este día se celebra en casi todo el mundo, en fechas distintas según el país, y, con muy pocas excepciones, es un día en el que se obsequian regalos a las madres, como adornos y prendas de vestir, e incluso joyas, viajes y automóviles.

En el Perú, al igual que en muchos otros países de Latinoamérica, los artefactos electrodomésticos son un regalo tradicional, desde los llamados artefactos pequeños, como las batidoras y licuadoras, hasta los más grandes, como las lavadoras y refrigeradoras. Las cocinas, en particular, tienen un lugar especial en la lista de obsequios, sobre todo en hogares de los niveles socioeconómicos C y D. Y cuando hablamos de cocinas, nos referimos a las cocinas de gas.

En la empresa, los preparativos para este día se habían realizado con meses de anticipación. La campaña publicitaria en prensa había sido cuidadosamente diseñada y planificada por Alan, nuestro gerente general, y Ana María, la jefa de marketing. El creciente éxito de los años anteriores había permitido perfeccionar la estrategia de marketing, y por primera vez en la historia de la compañía se había realizado también una innovadora campaña por televisión.

Los gerentes responsables de cada uno de los canales de ventas, Tobías, Juan José y Rodrigo, habían trabajado arduamente durante el último año para expandir nuestra cobertura geográfica, y gracias a ese esfuerzo, hoy teníamos más de cincuenta puntos de venta a nivel nacional, incluyendo tiendas propias y franquicias. Adicionalmente, contábamos con más de doscientos vendedores de venta directa.

A comienzos de año, habíamos mudado nuestro almacén principal de la Avenida Nicolas Ayllón en San Luis, a Jirón Comunidad Industrial en el distrito de Chorrillos. Era un almacén de mayor tamaño y capacidad, y contaba con espacio suficiente para atender simultáneamente a decenas de clientes.

Durante las últimas semanas habíamos estado recibiendo un gran número de camiones de reparto de nuestros proveedores, y el almacén estaba abarrotado de artefactos. Estimar qué modelos de cocinas se venderían y en qué cantidades era un delicado ejercicio de planificación, y siempre había el temor de que no hubiera suficientes. Antonio, el gerente de operaciones, era en última instancia el responsable de que no faltara nada.

Para comprender el significado de este día, debemos tener en cuenta que las ventas de cocinas durante el mes de mayo representaban el veinte por ciento de las ventas totales del año, y que las ventas en la víspera del Día de la Madre equivalían a la venta de un mes entero. Así de importante era esta fecha.

Pero la venta no se realizaba al contado; más del 90% de nuestros clientes compraban al crédito, a doce, dieciocho o veinticuatro meses. Este tipo de venta requería una evaluación crediticia, la cual normalmente podía tomar entre dos o tres días. El proceso regular de venta al crédito se iniciaba con el llenado de una solicitud en uno de nuestros puntos de venta, lo que luego originaba la visita de un analista de crédito al domicilio del cliente, así como a su centro de trabajo. El reto durante los días precedentes al Día de la Madre era procesar las solicitudes de crédito en menos de veinticuatro horas, con la finalidad de informar oportunamente a los clientes si su solicitud había sido aprobada. Pero la costumbre de muchos clientes, de dejar todo para último momento, creaba un cuello de botella en los días inmediatamente anteriores al domingo, lo cual se exacerbaba con el gran incremento en el volumen de ventas. Con la finalidad de solucionar este problema y ayudar a nuestros clientes para que pudieran tener su artefacto el mismo domingo, se les había indicado que en el caso de que su crédito fuese aprobado el viernes, o el mismo sábado, podrían acercarse a nuestro almacén y recoger su producto ese mismo día.

Es por este motivo que la expectativa era que cientos de clientes vendrían al almacén hoy, víspera del Día de la Madre. Más aun, sabíamos que algunos clientes, los que postergan y dejan todo para última hora, recién visitarían una de nuestras tiendas hoy por la mañana para realizar una compra. Anticipando esto, teníamos analistas de crédito en diferentes puntos de la ciudad, listos para subirse a sus motocicletas y salir a realizar una verificación domiciliaria o de centro de trabajo tan pronto recibieran la instrucción. Estos clientes de última hora también se presentarían en el almacén hoy, esperanzados en que su crédito fuera aprobado en el transcurso de la tarde, y en que podrían llevarse su cocina antes de que finalizara el día.

A las siete de la mañana todos los miembros del personal gerencial y administrativo de la empresa nos encontrábamos en el almacén. Cada uno tenía una función determinada ese día, pero todos teníamos un propósito común. Nuestro objetivo era brindar un servicio extraordinario a cada uno de los clientes que viniera, y asegurarnos de que pudieran salir con su cocina en el menor tiempo posible. Muchos de nuestros clientes no tenían carro propio, por lo que llegarían en bus o combi; sin embargo, el retorno a sus hogares lo harían en taxi. Teníamos personal afuera del almacén, en la avenida Huaylas, informando a los taxistas que en unas horas habría mucho trabajo.

La sensación dentro del almacén debe haber sido similar a lo que sintieron Leónidas y los trescientos espartanos horas antes de la batalla de Termópilas. Por el inmenso número de boletas que habíamos impreso, sabíamos que vendrían más de mil clientes, y todos entendíamos que la clave del éxito era la velocidad con la que pudiéramos atenderlos. No hay nada más frustrante para un cliente que tener que esperar, o, incluso peor, que su crédito no sea aprobado.

El equipo de sistemas había estado trabajando casi sin parar durante los últimos días, verificando que todas las boletas de ventas por créditos aprobados estuvieran impresas. Hacía solo unos meses que habíamos migrado a un sistema informático nuevo, y ahora nuestras tiendas, oficina principal y almacén se encontraban interconectados. Las impresoras habían estado trabajando toda la noche del viernes, y entrada la madrugada del sábado, imprimiendo los miles de documentos.

La experiencia que estábamos a punto de vivir no era nueva; casi todos los que estábamos allí ya habíamos pasado por una campaña similar el año anterior. La diferencia era que este año el volumen de ventas sería mucho mayor. Todos entendíamos que solo bastaban unos cuantos clientes insatisfechos o revoltosos para que una operación de esta magnitud pudiera salirse de control. Con esto en mente, habíamos instalado toldos y sillas en el patio del almacén, y teníamos música y refrescos, así como algunas actividades de entretenimiento.

Para nuestros clientes, una cocina de gas con horno representaba, en muchos casos, el primer artefacto que tendrían en su hogar. Era una compra mayor, y por su importancia ameritaba que la familia entera viniera a recogerla. Esperábamos ver niños, y, por ello, nos habíamos preparado con helados, globos y anfitrionas.

Pasadas las ocho de la mañana empezaron a llegar los primeros clientes. Es difícil describir el entusiasmo en sus rostros al ver y tocar su primera cocina de gas, al abrir la puerta del horno y mirar atónitos el vacío interior, como si hubiera algo de interés ahí adentro, o al recibir su balón de gas nuevo, en impecables condiciones. Comprender tal alegría requiere entender una realidad. La mayoría de estas familias había estado cocinando hasta este momento con una pequeña cocina de querosene, y los menos afortunados, con leña. Para ellos, poder cocinar con gas era un lujo.

A medida que pasaba el día, más y más clientes llegaban. Afuera del almacén el espectáculo era impresionante. Desde el aire la imagen hubiera sido la de una fila de hormigas de diferentes colores serpenteando por la avenida Huaylas, y luego entrando a la derecha por el jirón Comunidad Industrial, para terminar adelante de un gran portón. De ahí, cada hormiga salía con un enorme bulto sobre el lomo, como si estuviera transportando su comida, e iba, en perfecto orden, de regreso hacia la avenida Huaylas. A partir de ese punto, las hormigas desaparecían en diferentes direcciones. Esta visión era en realidad la larga cola de carros y taxis que enfilaban para entrar al almacén, y luego salían con cocinas amarradas en el techo, o dentro de una maletera semiabierta. Algunas familias lograban introducir la cocina en el asiento de adelante, en posición de copiloto, o en el asiento de atrás, entre dos o más familiares. Lo que se llevaban era más que una cocina de gas, era un nuevo estilo de vida. La calidad de vida que tendrían a partir de ese día sería muy superior. Ya no tendrían que salir a comprar una pequeña cantidad de combustible cada día, ni soportar el desagradable olor a querosene quemado, los restos de hollín en las ollas, o el humo de la leña en el ambiente de su hogar.

Hacia el mediodía había un centenar de clientes dentro del almacén, y muchos más afuera del portón, esperando su turno para ingresar. Los que ya se encontraban adentro estaban recogiendo su cocina, o aguardando el resultado de su solicitud de crédito. La música estaba sonando y los niños jugando. Los que recién ingresaban por la puerta parecían no estar seguros si habían llegado al lugar correcto. A primera impresión parecía ser un festival o el inicio de una fiesta, pero en definitiva no un almacén de artefactos. Los peatones y demás personas que deambulaban afuera, y que no eran clientes, se encontraban en un estado de confusión total, preguntándose unos a otros si ellos también podían acceder a la kermés. Música, gente haciendo cola, una interminable fila de taxis que, minutos después de ingresar, salían cargando grandes bultos sobre el techo, y llevando familias enteras con enormes sonrisas. Para estos transeúntes, sea lo que fuera lo que estaba ocurriendo detrás de esas altas paredes, debía de ser bueno. Muchos de ellos se ponían en cola sin saber para qué.

Ya entrada la tarde, el flujo de clientes era masivo. Lo temido había ocurrido, y algunos modelos de cocina se habían agotado. Sobre la marcha empezamos a trabajar para ayudar a los clientes a seleccionar otros modelos y hacer los cambios documentarios respectivos. Lo primordial era que los clientes se encontraran satisfechos. Un problema mayor eran los clientes cuyas solicitudes de crédito aún se encontraban en proceso de aprobación. Armando, el gerente de crédito y cobranza, había desplegado un ejército de evaluadores motorizados para que pudieran realizar las verificaciones de domicilio, pero muchos de estos clientes habían esperado hasta el final para decidir su compra. En esta época no existían teléfonos celulares; el único medio de comunicación eran los teléfonos fijos. El evaluador de crédito recibía instrucciones por un dispositivo llamado "beeper", buscaba un teléfono público, y llamaba a la tienda u oficina principal para recibir la información sobre el domicilio o centro de trabajo que debía visitar. Luego de realizada la verificación, tenía que buscar otro teléfono público, y llamar nuevamente a la oficina para dar su informe. A pesar de estas dificultades, encontramos la forma de completar las evaluaciones, y aprobar o rechazar las solicitudes en el menor tiempo posible.

César, nuestro jefe de almacén, tenía veinte años en el sector artefactos, y nunca había entregado tantas cocinas en un solo día. En un día normal se repartían entre ochenta y cien artefactos. Hoy, él y sus ayudantes, con la ayuda de todos los técnicos e instaladores, habían entregado más de mil. De cara al cliente tenía una gran sonrisa, pero cada vez que regresaba a una de las naves del almacén para traer otra cocina, su rostro empalidecía al ver cómo, lo que hasta solo unas horas antes eran estanterías llenas hasta el techo, ahora no eran más que anaqueles vacíos.

La organización de este evento no había sido una improvisación. Eduardo, nuestro gerente de administración y finanzas, y su equipo de organización y métodos habían invertido meses elaborando detallados procedimientos y descripciones de trabajo para cada posición. Habían contemplado los diferentes escenarios y excepciones que pudieran ocurrir, y la forma en que debíamos responder. El evento del año anterior, aunque de menor magnitud, era fuente de valiosas lecciones aprendidas, y se habían aprovechado al máximo.

Eran casi las nueve de la noche cuando el último cliente se retiró. Fue entonces que nos reunimos todos los miembros del personal y recorrimos las naves semi vacías del almacén. La operación había sido un éxito. Habían transcurrido catorce horas desde que llegamos en la mañana, pero no era cansancio lo que sentíamos, era satisfacción. Habíamos logrado algo inimaginable. Habíamos hecho realidad una idea, una idea que nació de un sueño. El sueño de hacer algo en forma diferente, de romper con la norma, de ir más allá que los demás. En los últimos años habíamos aprendido a retar lo convencional, y a no temer al cambio. Pudimos haber tomado el camino fácil, y conformarnos con repartir lo de siempre, pero nuestros valores eran otros, y decidimos hacer las cosas de manera distinta, y dar un servicio extraordinario a nuestros clientes.

Ese sábado 11 de mayo de 1996 habíamos vendido casi dos mil artefactos, incluyendo mil quinientas cocinas. Al día siguiente, mil quinientos hogares en el Perú celebrarían el Día de la Madre cocinando con gas por primera vez.

Mundo paralelo

La adquisición de un artefacto electrodoméstico grande, como lo es una cocina o una refrigeradora, puede considerarse una compra mayor, sin importar el nivel socioeconómico al que pertenece el comprador. Ciertamente, a menor nivel de ingresos, mayor la importancia relativa. En la actualidad, este tipo de compra se puede realizar, entre otras formas, con una tarjeta de crédito; sin embargo, a principios de los noventa, el uso y aceptación de tarjetas de crédito en el Perú era mínimo, diría que casi inexistente, por lo que la mayoría de las tiendas de artefactos ofrecían su propio producto de crédito.

La práctica de otorgar préstamos comenzó hace más de dos mil años, y sus fundamentos son bien conocidos. Para mitigar el riesgo al dar un préstamo, el prestamista realiza un análisis crediticio del cliente, el que consiste en la evaluación de ciertos factores que ayudan a predecir la probabilidad del prestatario de honrar la deuda. Dichos factores pueden incluir, por ejemplo, la capacidad de pago de las cuotas mensuales. Es por este motivo que las entidades financieras generalmente solicitan copia de boletas de pago. Otro factor importante es el lugar donde reside el prestatario, lo cual puede comprobarse mediante un recibo de agua o luz que esté a su nombre.

A comienzos de los años noventa no existían las centrales de riesgo en el Perú, y los niveles de bancarización eran tan bajos, que difícilmente se podía obtener el historial de crédito de una persona de una fuente independiente. A las casas comerciales no les quedaba más que hacer una evaluación crediticia exhaustiva de sus potenciales clientes.

En 1993 nuestra empresa era relativamente pequeña y contábamos con una participación en el mercado de artefactos electrodomésticos de menos del uno por ciento. Era como que no existiéramos. Había empresas grandes y bien establecidas, algunas con más de cincuenta años de fundadas. Tratar de competir con ellas, por los mismos clientes, no tenía sentido. Es por esta razón que decidimos hacer algo distinto. Era obvio para todas las empresas de artefactos que los hogares en los niveles socioeconómicos C y D representaban el mayor segmento de la población, y que estos no solo tenían la necesidad real de tener ciertos artefactos básicos, como lo es una cocina de gas, sino que, además, tenían el deseo de comprar dichos artefactos. Lo que estas personas no tenían era cómo satisfacer los requisitos clásicos de un proceso de evaluación crediticia.

Es así como Armando y su equipo propusieron desarrollar una metodología de evaluación de créditos que pudiera funcionar con este segmento de la población, sin que esto resulte en un deterioro de la calidad de nuestra cartera de créditos. Este segmento del mercado se caracterizaba por existir fuera de la economía formal, en un mundo paralelo, sin acceso al crédito. Era una población ignorada por nuestra competencia, pero no por nosotros.

Hay un conocido cuento sobre dos vendedores de zapatos que visitan un lugar lejano en busca de nuevas oportunidades de negocio. Uno de ellos llama a su jefe poco después de llegar, y le dice que estará tomando el siguiente vuelo de regreso, dado que en el lugar al que ha llegado nadie usa zapatos. El segundo vendedor llama aún más rápido a su supervisor para pedirle que le envíe varios cargamentos de zapatos, dado que ha llegado a un lugar en el que nadie tiene zapatos. El lente con el que se miran las cosas puede hacer una gran diferencia. El segundo vendedor ciertamente tenía puestos los lentes de la oportunidad, pero eso no era suficiente. Su supervisor tendría que tener la misma capacidad de ver las cosas en forma diferente para comprender la oportunidad.

Nuestra organización tenía lo que se necesitaba para incursionar en este segmento del mercado, en este mundo paralelo. Alan, nuestro gerente general, quien tenía la mente abierta a nuevas ideas y oportunidades, y nos empujaba continuamente a explorar los límites entre lo acostumbrado y lo desconocido, no dudó en aprobar la iniciativa.

El concepto era sencillo. Una vendedora de fruta en el mercado mayorista, que venía realizando la misma actividad, en el mismo lugar, durante muchos años, no solo tenía un centro de trabajo perfectamente ubicable, sino que además tenía una fuente de ingresos continua y estable, no obstante no tener una boleta de pago para demostrarlo. Dicha vendedora, además, había mantenido el mismo oficio, en la misma ubicación, en épocas buenas y malas, y la probabilidad de que repentinamente cambiara su rutina era relativamente baja. Así lo veíamos nosotros.

Este mismo razonamiento podía aplicarse al dueño del quiosco de la esquina, al zapatero, al carpintero, y a decenas de otros oficios, y cientos de miles de personas que habitaban este mundo paralelo, y que se encontraban marginados del crédito.

Nada de esto lo descubrimos nosotros. Hernando de Soto ya había escrito, años antes, acerca de los efectos demoledores de la informalidad sobre la pobreza, y cómo la ausencia de títulos de propiedad, inmovilizan social y económicamente a estas personas. Nosotros solo tuvimos el coraje de creer en sus ideas, y desarrollar un sistema de evaluación crediticia sobre la base de algunos de estos conceptos.

Nuestra empresa comprendió la importancia relativa que una cocina tenía para los hogares en este segmento de la población. Comer es una necesidad básica, y un gran porcentaje de lo que ingerimos es cocido. Dejar de comer no era una opción, y, por ende, cumplir con el pago de la cuota mensual por la compra de la cocina era una prioridad en el presupuesto de estas personas, inclusive más que la compra de la comida misma. En retrospectiva, esto puede parecer obvio y elemental, pero a priori no lo era. El aprendizaje solo se produce cuando uno ve a la dueña de casa defender su cocina de un intento de embargo, como una leona defiende a sus cachorros de una manada de hienas. Esta simple observación fue uno de los factores claves del éxito que tuvimos vendiendo cocinas de gas al crédito a este segmento de la población.

Otro elemento que consideramos para nuestro modelo de evaluación crediticia fue el relacionado al domicilio del cliente. Cuando se vende un artefacto al crédito es fundamental conocer el lugar donde dicho artefacto se encontrará ubicado. El problema era que muchos de los clientes no tenían documentos que mostraran el lugar donde vivían. En ese entonces, el porcentaje de viviendas en el Perú que no contaban con título de propiedad era descomunal. No eran cientos, ni miles, ni cientos de miles. Eran millones. El Organismo de Formalización de la Propiedad Informal – COFOPRI, no entraría en operación sino hasta 1996, y en sus primeros veinte años de funcionamiento emitió títulos de propiedad a cerca de dos millones de familias, y aún tiene trabajo por hacer. El número total de viviendas en el Perú en 1993 era poco más de cinco millones.

A falta de títulos de propiedad, y de recibos de agua y luz, decidimos hacer nosotros mismos la verificación domiciliaria. Este proceso resultó ser crucial, y tal vez el de mayor importancia. Las viviendas en este segmento de la población estaban construidas de una variedad de materiales, desde esteras y madera, hasta adobe y ladrillo. Vender un artefacto al crédito, a veinticuatro meses, y entregarlo en una casa construida con esteras o madera, sobre un terreno arenoso, del cual no se tiene la propiedad, era, en nuestra opinión, un riesgo demasiado grande para asumir. En contraste, el costo más elevado de construir con ladrillos o bloques de cemento conlleva un significado de permanencia en un lugar. Nuestro razonamiento era el siguiente: si el cliente y su familia habían tomado la decisión de establecerse en un lote o parcela, e invertir en construir una estructura sólida, con materiales de mayor valor, aun sin contar con un título de propiedad, era muy difícil, al menos en el mediano plazo, que se mudaran a otro lugar. Es así que decidimos considerar como aceptables las solicitudes de crédito de clientes con viviendas construidas con materiales como el ladrillo.

El tercer y último factor en nuestra metodología de evaluación crediticia era de corte cualitativo y estaba relacionado con la personalidad de los clientes, y, en particular, con aquellas características que podían tener un alto grado de correlación con la responsabilidad en el pago puntual de sus cuotas mensuales. Algo que habíamos notado era que los clientes que habían estado realizando una misma actividad de trabajo por un largo tiempo, y que habían establecido una rutina diaria, y tenían la disciplina para llevarla a cabo, eran menos propensos a atrasarse en sus pagos mensuales. Mientras que aquellos clientes que habían estado haciendo diversas actividades por periodos cortos, o que cambiaban de trabajo con frecuencia, tenían mayor predisposición a la morosidad, aunque tuvieran mayores ingresos.

Armados con el nuevo producto de crédito, nuestra fuerza de ventas salió a ofrecer artefactos a este segmento de la población. El crédito era ofrecido en nuestras propias tiendas, a través de la cadena de distribuidores, y por el personal de venta directa. Este último era un enorme grupo de vendedores que salían diariamente a diferentes zonas de la ciudad, armaban una gran carpa en una plaza o parque, y colocaban varios modelos de artefactos en demostración. Era, en buena cuenta, una tienda móvil. Desde esta base de operaciones salían los vendedores a tocar puertas e invitar a los clientes a acercarse a la tienda de campaña. Ahí, se les mostraban los diferentes artefactos, se les explicaba el sistema de pago de cuotas mensuales, y los requisitos y el proceso de evaluación crediticia. Este canal comercial estaba liderado por Tobías, un hombre con gran experiencia en ventas y profundo conocimiento de la idiosincrasia de los clientes en este segmento de la población.

La implementación del nuevo sistema de crédito no fue tarea fácil, requirió varias semanas de entrenamiento al personal de ventas, evaluadores de crédito, y verificadores domiciliarios. La forma de estimar los ingresos de nuestros clientes era compleja, y variaba de un oficio a otro. En algunos casos, requería tomar en consideración posibles fluctuaciones en el volumen de trabajo durante el año, así como el tiempo que cada cliente había estado realizando determinada labor. Para comprender la complejidad del proceso, uno debe visualizar al evaluador de crédito visitando el puesto de doña Rosa en el mercado mayorista, contando el número de jabas de fruta en su puesto, tomando nota de los precios de venta de sus productos, estimando la posible merma, revisando las anotaciones en el cuaderno de la señora Rosa, y una decena de otras variables. El evaluador luego caminaría por el lugar, preguntando al azar, a vendedores en otros puestos, cuánto tiempo habían conocido a doña Rosa. Si el proceso parece complicado es porque lo era. Si hubiese sido una tarea fácil, otros lo habrían estado haciendo.

A pesar de que habíamos tratado de hacer un modelo que fuera lo más objetivo y cuantificable posible, con tablas y listas de verificación, siempre quedaban subjetividades, y tomó algunos meses estandarizar el proceso y uniformizar los criterios utilizados por el personal de ventas y los evaluadores de crédito.

Los vendedores estaban entusiasmados de encontrarse con un inmenso mercado desatendido, y contar con una herramienta de crédito que podía ayudarlos a cerrar ventas. Pero el filtro de crédito era de malla fina, y muchos clientes no pasaban la evaluación. Al comienzo, esto fue causa de frustración para los vendedores, pero se les hizo entender que nuestra empresa no era una beneficencia, ni un organismo sin fines de lucro. Teníamos accionistas, y ellos esperaban un justo retorno a su inversión. Le hacíamos ver que debíamos tener una cartera sana para que la empresa pudiera crecer en forma continua y sostenida. El nuevo mercado era suficientemente grande y prácticamente no había competencia. El reto para los vendedores no era convencer a los clientes - estos ya estaban convencidos de que necesitaban una cocina-, era discernir cuáles de ellos cumplían con los requisitos mínimos que habíamos establecido.

Una vez que logramos estabilizar el proceso, y los vendedores comprendieron el perfil de los clientes que eran sujetos de crédito, las ventas empezaron a crecer de forma exponencial. En los siguientes tres años, duplicaríamos las ventas un año tras otro.

Entre 1994 y 1996, vendimos más de noventa mil artefactos a familias de los segmentos C y D de la población, con una incobrabilidad menor al dos por ciento, y posicionamos a la empresa como número uno en la venta de cocinas de gas en el Perú. Pero no eran estos resultados los que nos impulsaban a seguir adelante. Éramos demasiado jóvenes para bailar únicamente al son de las cifras. Estos números solo alumbraban nuestro camino, y nos permitían corregir continuamente nuestro rumbo, de la misma forma en que un faro solamente guía a un barco, pero no le da propulsión. El verdadero logro fue el puente que construimos entre el Perú formal, en el que vivíamos y trabajábamos, y el mundo paralelo, en el que habitaban nuestros clientes. Ese puente fue nuestra fuente de energía, inspiración y motivación.

Tocando puertas

Los primeros vendedores puerta a puerta aparecieron hace más de quinientos años en Europa. Estas personas viajaban de un pueblo a otro ofreciendo sus productos de casa en casa. Eran, en buena cuenta, vendedores ambulantes. Este sistema era muy práctico para los pobladores, dado que podían comprar lo que necesitaban sin salir de sus hogares. En la actualidad, el canal de venta directa es utilizado en todas partes del mundo y genera ventas del orden de doscientos mil millones de dólares al año. Los productos vendidos de esta forma son variados, y, entre ellos, los cosméticos representan uno de los rubros más importantes.

La práctica de ofrecer artefactos electrodomésticos puerta a puerta comenzó a mediados del siglo XIX con las máquinas de coser "Singer", y años más tarde fue seguida por la aspiradora. Estos productos eran ideales para el canal de venta directa, porque permitían hacer una demostración en vivo en la casa del cliente. Este sistema de venta se utilizó exitosamente en los Estados Unidos de Norte América y en Europa por más de cien años, luego de lo cual empezó a declinar su efectividad, en la medida en que un mayor porcentaje de mujeres ingresaban al mercado laboral, con lo cual pasaban menos tiempo en sus casas.

El uso de la técnica de venta directa para comercializar artefactos electrodomésticos entró en auge en países de América Latina, y en otros países del tercer mundo, al mismo tiempo que iba disminuyendo en los países industrializados. Esto ocurrió a principios de la década de los ochenta. En el Perú, Electrolux fue una de las empresas pioneras en la venta de artefactos puerta a puerta, ofreciendo lustradoras y aspiradoras a hogares de los niveles socioeconómicos A y B.

El concepto de venta directa engranaba perfectamente con el producto de crédito que habíamos desarrollado para los niveles socioeconómicos C y D. No era posible llevar una cocina de gas a cada casa para hacer una demostración, pero los vendedores podían llevar un catálogo con fotografías de los productos. Ciertamente esto no sería suficiente para convencer al ama de casa en este segmento de la población, donde la primera lección que uno aprende es que debe desconfiar de todos. Este es el motivo por el que decidimos armar tiendas de campaña en lugares próximos a las casas que se visitarían, haciendo posible que los clientes se acerquen para ver los artefactos.

Tobías tenía el perfil ideal para liderar este canal de ventas. Era un hombre carismático, con una capacidad extraordinaria para motivar a los vendedores. Tenía más de cien vendedores a su cargo, pero si hubiese sido necesario podría haber liderado a mil.

La rutina diaria de este ejército de vendedores comenzaba temprano en la mañana en el primer piso de nuestra oficina, donde teníamos un área libre del tamaño de una cancha de fulbito. Los vendedores iban llegando con sus maletines llenos de solicitudes de crédito de las ventas realizadas el día anterior. Ahí se sentaba cada uno con un analista de crédito, y empezaban a revisar la documentación de cada venta. Era importante que toda la información estuviera completa para que el área de créditos pudiera realizar su trabajo de verificación y análisis en el menor tiempo posible. Los vendedores también recibían los resultados de las solicitudes entregadas en días anteriores, a fin de que pudieran informar los resultados a sus clientes. Los casos de créditos rechazados siempre eran motivo de frustración para los vendedores. No solo representaban comisiones perdidas, sino también un sentimiento de haberles fallado a sus clientes.

Luego de aproximadamente una hora, Tobías reunía a todos los vendedores en un gran círculo y empezaba un ritual parecido al "haka", la danza de guerra de la cultura maorí, sin tanto movimiento corporal, pero con la misma intensidad de gritos y cánticos. Nadie sabía realmente lo que hacían o decían, pero era claro que ese rito diario era una demostración de fuerza y valor antes de salir a las calles. Y es que la venta puerta a puerta es un trabajo sumamente duro, inclusive para el vendedor nato. El vendedor en una tienda espera pacientemente a que llegue un cliente con la intención de comprar. Es como ir de pesca. El vendedor puerta a puerta sale a buscar a su cliente, es un cazador, y su tenacidad y perseverancia tienen que ser inquebrantables. Los vendedores tienen que tener confianza en su propia habilidad de cerrar ventas. Durante esta ceremonia matinal compartían experiencias exitosas, aprendían nuevas técnicas de ventas, y se les enseñaban los productos nuevos.

Tobías, como líder de este grupo, jugaba un papel importantísimo como guía y mentor, pero también como paño de lágrimas, asesor y psicólogo. Los vendedores eran en su mayoría jóvenes, llenos de energía y entusiasmo, pero con poca experiencia. Sin embargo, lo que carecían en madurez profesional, lo compensaban con pasión en abundancia. Pasión por salir a las calles y conquistar el mundo. Es esa pasión la que Tobías supo canalizar hacia una venta efectiva.

Durante el primer año, los vendedores se desplazaban en buses desde la oficina hasta la zona que se había designado como lugar de venta para el día. El día anterior se había enviado a otro grupo de personas a repartir volantes por toda el área objetiva. De esta forma los clientes estaban informados de que la carpa de artefactos llegaría a su vecindario, y ya no sería una sorpresa cuando el vendedor tocase la puerta.

Al año siguiente, y dado el éxito que se había tenido el primer año, invertimos en comprar furgonetas con remolque que tenían el logo de la empresa. Cada furgoneta transportaba a doce vendedores, y en el remolque llevaban la carpa, sillas, mesas plegables, y media docena de artefactos para colocar en exhibición. De esta manera se podían montar múltiples tiendas de campaña en una misma zona, o cubrir simultáneamente varios lugares aledaños.

El paso de la caravana de furgonetas con remolque por las calles principales de San Juan de Miraflores, Villa María del Triunfo, o Villa el Salvador era un espectáculo nunca antes visto por los pobladores del cono sur. El mismo efecto se obtenía en los distritos del cono norte. A medida que se acercaba la caravana a la zona objetivo, los vecinos que sabían de su llegada, empezaban a concentrarse en el punto de reunión. Todos querían ser los primeros en ver los artefactos.

Luego de armar la carpa, un grupo de vendedores permanecía en ella para atender a los clientes que se habían congregado en el lugar, mientras que los otros vendedores iniciaban su ronda de visitas a los vecinos de la zona. Cada puerta que tocaban era diferente. En algunas casas eran bien recibidos y los clientes mostraban interés. En otras, eran recibidos con reticencia y evasivas. Pero también había aquellas donde eran insultados o maltratados. Era en estas donde el vendedor debía demostrar su capacidad de dominio de la situación. En las viviendas donde había interés, el vendedor podía pasar cerca de una hora con el cliente explicándole todo sobre los productos y el sistema de crédito. Los clientes querían saber sobre las cuotas mensuales, los lugares de pago, el tiempo que les duraría un balón de gas, y un sinfín de otras cosas.

Los días eran largos y el trabajo agotador. Algunos días eran buenos y otros lo eran menos. Pero estos vendedores tenían disciplina y pasión, y no se daban por vencidos fácilmente. Los vendedores siempre llevaban una sonrisa en la cara, especialmente para sus clientes. El orgullo que sentían por su grupo, y el entusiasmo que mostraban por lograr el objetivo común, eran ejemplares.

En la compañía todos nos sentíamos parte de un solo equipo, siempre remando en la misma dirección, pero el verdadero espíritu de cuerpo nació del grupo de venta directa. De ahí emanaba hacia el resto de la organización. No podía ser de otra manera. Este batallón de vendedores salía al campo igual que un ejército, trabajando hombro a hombro, y apoyándose unos a otros. El sentido de camaradería era absoluto.

Este grupo de hombres y mujeres fue la columna vertebral de la empresa. Fue gracias a ellos que todos en la compañía podíamos caminar erguidos, con la cabeza en alto, orgullosos de quienes éramos, y de lo que habíamos logrado. Fue por ellos que la empresa se volvió la líder en la venta de cocinas de gas en el Perú.

Solo unos años antes, hubiésemos tenido que sacar cita para tener una reunión con los fabricantes de artefactos que nos proveían de cocinas. Éramos la más pequeña de las empresas de artefactos, y con suerte figurábamos en sus listas de clientes. Pero, con el espectacular crecimiento de ventas que tuvimos, todo cambió, y los papeles se invirtieron. Los proveedores y fabricantes que nos suministraban las cocinas empezaron a llamarnos y visitarnos. Nos daban productos en concesión y facilidades de pago no solicitadas.

Muchas personas de nuestra compañía recuerdan ese día de 1995 en el que el gerente comercial de una de las empresas fabricantes de artefactos más antiguas del país asomó su cabeza al subir las escaleras hacia el segundo piso de nuestra oficina. Era la primera vez que este hombre ponía pie en nuestra empresa. Ese día supimos que algo había cambiado, y que la importancia que nuestra compañía representaba para este, al igual que para otros proveedores, había crecido enormemente.

El canal de venta directa era uno de los tres canales comerciales que teníamos. Los otros dos estaban constituidos por nuestras propias tiendas y los distribuidores. Estos dos últimos sumaban cincuenta puntos de venta a nivel nacional, y representaban más del 50% de nuestra venta total. Sin embargo, el canal de venta directa tenía un efecto multiplicador. Estos vendedores, con su uniforme del mismo color y el logo de la empresa, llevaban nuestra marca a decenas de hogares cada día. El hecho de interactuar cara a cara con un número tan grande de clientes posicionó fuertemente nuestra marca en este segmento del mercado.

Era la recordación de marca lo que estaba haciendo aparecer a nuestra empresa como número uno en cocinas de gas en las encuestas de mercado que realizaban los fabricantes de artefactos. En esa época aún no teníamos la mayor participación de mercado, pero esto no lo sabían los diferentes proveedores. Cada cual solo conocía el volumen de artefactos que nos suministraba, sin saber qué porcentaje del volumen total de nuestras ventas representaba. Ninguno de ellos quería perder la oportunidad de que sus modelos de cocinas lleven nuestra marca, por lo que todos los proveedores estaban interesados en que nuestra empresa compre una mayor cantidad de sus productos.

En 1995 adicionamos las refrigeradoras a nuestra lista de productos, y al año siguiente, los televisores y los equipos de sonido. Pero para los vendedores puerta a puerta, la cocina de gas siempre fue el producto estrella. Esto se debió, en parte, a que un porcentaje de los hogares que visitaban aún no tenían electricidad, o se encontraban cocinando con querosene, por lo que la prioridad no era una refrigeradora, sino una cocina de gas.

El éxito que tuvimos con el sistema de venta directa en los conos de Lima nos motivó a establecer el mismo esquema de ventas en Piura, Chiclayo, Trujillo, y Arequipa, a medida que fuimos expandiendo la empresa a provincias. En cada una de estas ciudades abrimos una o dos tiendas, y formamos un grupo de venta directa de veinticinco vendedores. En todos estos lugares logramos los mismos resultados exitosos tocando puertas.

Entre 1994 y 1996, estos extraordinarios jóvenes "Toca Puertas" visitaron cerca de un millón de hogares en los niveles socioeconómicos C y D de la población, dejando su huella y una sonrisa en una de cada cinco casas en el Perú.

Batalla contra el
querosene

Hasta mediados del siglo XIX la mayoría de los hogares en el mundo cocinaba con combustibles sólidos como la leña o el carbón, y como fuente de iluminación utilizaba lámparas de aceite.

En los países que hoy conocemos como industrializados, esto fue progresivamente cambiando con la llegada del querosene, principal producto refinado de la naciente industria petrolera, que comenzó a reemplazar el uso del aceite en las lámparas. Posteriormente, las ciudades se empezaron a electrificar y las viviendas comenzaron a tener acceso a gas canalizado; las lámparas de querosene fueron sustituyéndose por focos incandescentes, y el uso de leña para cocinar fue reemplazado por cocinas eléctricas o de gas. Sin embargo, en las zonas rurales de estos países, donde la electrificación aún no había llegado, el querosene que ya estaba siendo utilizado dentro de la vivienda para propósitos de iluminación empezó a sustituir a la leña como fuente de energía para cocinar los alimentos. Solo fue cuando el gas y la electricidad llegaron a las zonas rurales que se eliminó por completo el uso del querosene en el hogar. Esto ocurrió a mediados del siglo XX.

Muy diferente fue la historia en los países del tercer mundo, que se caracterizaban por tener elevados niveles de pobreza y deplorables grados de electrificación, no solo en las zonas rurales, sino también en las ciudades. Al igual que en los países industrializados, las lámparas de querosene empezaron a usarse en los hogares donde no había suministro eléctrico. Pero el querosene solo se empleó como combustible para cocinar en las viviendas ubicadas en las ciudades, donde no era posible conseguir leña. Fuera de las urbes, la leña continuó siendo la principal fuente de energía para cocinar. Es así como muchos países pobres seguían cocinando con querosene en las ciudades, y leña en el campo, hasta inicio del nuevo milenio. El Perú no fue una excepción.

En 1993, la leña era el principal combustible en las cocinas peruanas -se usaba en la mitad de los hogares del país-, mientras que el querosene se empleaba en una de cada tres viviendas. En ese entonces, menos del 12% de las familias usaba gas. La electricidad no era un rival, y nunca fue usada en más del 2% de los hogares, debido a su precio significativamente más alto.

Nuestra empresa se había especializado en vender cocinas de gas a hogares en los niveles socioeconómicos C y D. Otras empresas vendían cocinas de querosene. A estas nunca las consideramos competencia. Nuestra batalla no era contra ellas, sino contra el querosene. Nosotros vendíamos una cocina que representaba una mejora sustancial en la calidad de vida de nuestros clientes. El valor que recibían con una cocina de gas iba más allá del producto físico. Los efectos nocivos para la salud producidos por el querosene eran conocidos. Estos incluyen problemas al sistema respiratorio por inhalación, e irritación a la piel y ojos por contacto directo. La combustión del querosene produce humos tóxicos, y los riesgos de ingestión accidental son reales. En contraste, el gas no requiere manipulación directa, no contiene contaminantes, y produce una combustión completa. La diferencia de valor entre usar querosene y gas era clara, muy clara.

No obstante, la batalla por reemplazar el uso de querosene por gas no fue fácil y fue muy larga. Hubo varios motivos, unos de carácter técnico y otros económicos. Pero fueron los subsidios del gobierno al querosene los que jugaron un papel decisivo en la supervivencia de este producto, y solo fue cuando empezaron a desaparecer los subsidios, que el proceso de sustitución de querosene por gas se aceleró.

El menor precio del querosene era la principal razón por la que las familias de escasos recursos económicos lo usaban. Ellos no podían darse el lujo de colocar en la balanza de valor el tema de la salud o el de una mejor calidad de vida. Para ellos la decisión era sencilla, y estaba basada en el precio del combustible. Pero existían otras razones por las que algunas familias no usaban gas, y poco a poco las fuimos descubriendo.

El acceso limitado a distribuidores de gas en ciertos lugares hacía difícil que nuestros vendedores lograran convencer a los clientes de que reemplacen su cocina de querosene por una de gas. Este problema se daba generalmente en zonas rurales o alejadas de las ciudades, no tanto así en los centros poblados.

Un obstáculo mayor, y que lamentablemente se daba con gran frecuencia, era que algunas familias no contaban con el dinero suficiente para comprar un balón de gas, pero si tenían lo necesario para comprar una pequeña cantidad de querosene que les alcanzara por unos días. Este fue un hallazgo chocante, y en algún momento las empresas envasadoras de gas consideraron introducir un balón de menor tamaño como alternativa al balón tradicional de diez kilogramos.

Como empresa comercializadora de artefactos no teníamos forma de solucionar el problema de la distribución de gas en zonas rurales. Tampoco teníamos mayor influencia en el proyecto de desarrollo del mercado de balones de menor tamaño. Lo que sí podíamos hacer era educar a nuestros clientes sobre las ventajas de cocinar con gas.

Sorprendentemente, muchos clientes no consideraban importante el problema de la polución interna en sus viviendas. Estaban tan acostumbrados al olor y humo del querosene que su sentido del olfato ya no enviaba señales de alerta al cerebro. Curiosamente, muchos de ellos habían estado en la casa de vecinos que ya tenían una cocina de gas, y estaban convencidos de que el sabor de la comida era mejor al cocinar con gas. Había que explicarles que la percepción de los sabores es en realidad un efecto sinérgico entre el gusto y el olfato, y que al cocinar con querosene se alteraba su sentido del olfato, lo que no les permitía disfrutar de igual forma la comida.

La falta de agua potable dentro de muchas viviendas era un serio problema para la higiene y salud de las familias. El uso de una cocina de querosene requiere manipular con frecuencia el combustible para llenar el tanque, y realizar esta operación sin entrar en contacto directo con el querosene no es fácil. No tener acceso a agua limpia significaba que las personas no se podían lavar las manos luego de tocar el querosene.

Un problema mayor era el riesgo de ingestión accidental del querosene. Las botellas en las que se compraba el combustible eran de todo tipo, incluyendo las de gaseosa usadas. Como es de imaginarse, estas no siempre se marcaban o etiquetaban correctamente, y tampoco tenían tapas de seguridad. Con niños en las casas, ocurrían accidentes frecuentes, de seriedad variada, pero afortunadamente pocas veces fatales.

Otro problema con el que nos encontramos fue el relacionado a la potencia de las hornillas de las cocinas de gas con relación a las de cierto tipo de cocinas de querosene, las llamadas cocinas a presión. Generalmente las cocinas de gas domesticas vienen con dos hornillas grandes y dos más pequeñas, y permiten a una familia de cuatro o cinco personas cocinar sus alimentos en un tiempo razonable. En el nivel socioeconómico C, y especialmente en el D, no era inusual que dos o más familias compartieran una cocina y preparasen los alimentos para ocho, nueve o más personas. Para esto usaban grandes ollas en las que hervían agua para cocinar papas, camote o yuca, o para preparar arroz, lentejas, o un caldo. La hornilla más grande en una cocina de gas domestica puede calentar una olla con cinco litros de agua y traerla al punto de ebullición en aproximadamente treinta minutos. Pero si colocamos en la misma hornilla una olla tres veces más grande, cocinar se vuelve un oficio de tiempo completo. El mismo problema lo tenían muchas cocinas de querosene, pero algunas de ellas traían una bomba manual que permitía incrementar la presión en el tanque de querosene y de esa forma lograr una mayor potencia en la hornilla. Alterar la presión del GLP en una cocina de gas no es posible. Para que estas familias pudieran cocinar con gas necesitaban utilizar una cocina semiindustrial, como las que se emplean en pequeños restaurantes. Esto obviamente estaba fuera de su alcance.

Este problema atrajo nuestra atención, porque era uno que tal vez podríamos resolver y que nos permitiría establecer un nuevo nicho de mercado para nuestra empresa.

Dedicamos algún tiempo para estimar el tamaño de la oportunidad, entender el aspecto técnico y buscar una solución. Lo primero era confirmar la magnitud del problema, para lo cual realizamos pruebas con los diferentes modelos de cocinas que vendíamos a fin de determinar la potencia de sus hornillas. Lo mismo hicimos con una cocina de querosene a presión. Los resultados eran innegables. Algunas de nuestras cocinas tenían mayor potencia que otras, pero con ninguna podíamos obtener la potencia de una cocina de querosene a presión. En ese entonces ya teníamos una relación muy cercana con los fabricantes de cocinas, y compartimos con ellos el problema. Sí era posible encontrar una solución, pero esta requería un nuevo diseño de cocina con una hornilla de mayor tamaño. El nuevo modelo no tendría uso práctico para el común de los hogares, y el segmento de mercado que lo utilizaría no era suficientemente grande para justificar la inversión en un nuevo producto. Al final, decidimos no seguir adelante con este proyecto.

Así era la batalla contra el querosene, algunas peleas se ganaban, y otras se perdían. Era en realidad una batalla contra la pobreza y contra la ignorancia. Era posible entender el desconocimiento de los menos afortunados con relación a temas de salud y prevención de accidentes dentro del hogar, pero no la práctica del gobierno de subsidiar el querosene. Si era necesario subsidiar un combustible, debía ser al que proveía una mejor calidad de vida a la población.

En el campo de batalla la lucha la realizaban nuestros vendedores de venta directa, un hogar a la vez, explicando al ama de casa los beneficios de cocinar con gas.

Era una clase en salud y bienestar familiar. A veces se lograba la venta de una cocina. A veces solo se contribuía a la educación del hogar. No todos los clientes que querían cambiar de querosene a gas resultaban ser sujetos de crédito, pero el interés y la aspiración por cocinar con gas algún día permanecía.

Si bien librábamos una batalla contra la pobreza y la ignorancia, no éramos guerreros. Éramos en realidad misioneros. Creíamos en el gas, y es lo que predicábamos. Nuestra misión era brindar una mejor calidad de vida a los hogares peruanos a través del uso del gas. Eso es lo que comunicaban nuestros vendedores yendo de casa en casa, tratando de convertir a los usuarios del querosene en seguidores del gas.

A todos en la empresa nos apasionaba el tema del gas. Más que una pasión, era una obsesión. Nuestras vidas giraban en torno del gas. Vivíamos pensando en el gas, en su potencial, y en la infinidad de usos que se le podía dar. Las cocinas de gas eran nuestro producto principal, pero había muchos otros artefactos de gas. La llegada del gas de Camisea era solo cuestión de tiempo, y nuestra empresa estaba preparándose para ese momento.

A finales de 1997, el consumo de GLP en el Perú había aumentado 50% en comparación a 1994. Esto equivalía a más de doscientas mil nuevas familias usando gas para cocinar. Aún quedaba muchísimo camino por recorrer, pero queremos creer que con el trabajo que hicimos aportamos nuestro grano de arena para que un mayor número de hogares pudiera cocinar con gas.

A pesar de que en este período de tres años habíamos convertido a decenas de miles de usuarios de querosene en consumidores de gas, el consumo total de querosene solo se redujo una pequeña fracción. La realidad era que el querosene era un paso intermedio entre la leña y el gas. En la medida en que las familias más pobres mejoraban su situación económica y tenían mayores ingresos, abandonaban el uso de la leña y empezaban a cocinar con querosene.

El 30 de setiembre de 2010 se vendió el último barril de querosene en el Perú. Este fue el resultado de la entrada en vigencia del Decreto Supremo 045-2009-EM de abril de 2009, por el que quedó prohibida la venta de querosene en el territorio nacional. Dicho decreto se fundamentó en que el querosene había perdido uso doméstico e industrial, al haber sido sustituido por completo por el GLP y el gas natural.

En la actualidad, más del 80% de hogares en el Perú cocina con gas, y son muy pocos los lugares en el mundo donde se sigue empleando el querosene para cocinar. Sin embargo, la batalla que aún no termina es la que se lucha contra el uso de combustibles sólidos como la leña. Se estima que uno de cada cuatro hogares en el mundo, y uno de cada seis en el Perú, todavía cocina con ellos.

Agua caliente

En 1993, menos del 50% de los hogares en el Perú contaban con agua potable dentro de la vivienda, y de los que tenían agua, solo una pequeña fracción tenía acceso a agua caliente.

La mayoría de los calentadores de agua que se usaban en esa época eran eléctricos. Muy pocas viviendas utilizaban calentadores de gas, y solo en algunos lugares en el sur del país, en particular la ciudad de Arequipa, se empleaban calentadores solares.

Como empresa comercializadora de artefactos de gas teníamos especial interés en desarrollar el mercado de calentadores de agua que funcionaban con gas. Considerábamos que los calentadores de gas ofrecían mayores ventajas al consumidor que los eléctricos. Por un lado, representaban un ahorro significativo en el consumo de energía, y, de otro, permitían a los usuarios contar con agua caliente en todo momento. Esto último representaba una diferencia importante con relación a las termas eléctricas, que, por lo general, no tenían capacidad suficiente, por lo que la experiencia de una familia de cuatro personas era que la última en bañarse lo hacía con agua fría. En cambio, con un calentador de gas podían tener agua caliente siempre.

A diferencia de una cocina de gas, un calentador de agua requiere de una instalación, que, por lo general, no es muy compleja, pero que en algunas situaciones sí lo puede llegar a ser. Mientras que una terma eléctrica puede instalarse en casi cualquier sitio dentro de la vivienda, un calentador de gas requiere ser instalado en un lugar con ventilación adecuada, y, en adición a las conexiones de agua, necesita una conexión al suministro de gas, y un ducto para desfogar los gases de combustión. Los gasfiteros de ese entonces podían instalar una terma eléctrica, pero no tenían los conocimientos necesarios para realizar instalaciones de gas. En resumidas cuentas, para hacer crecer el mercado de calentadores de agua de gas tendríamos que comenzar por tener nuestro propio servicio de instalaciones.

Francisco comenzó a trabajar en la empresa en 1995. Era ingeniero industrial con algunos años de experiencia, el último de ellos trabajando en la principal empresa envasadora de gas del país. Conocía bien el negocio de gas envasado, y tenía el carácter y la disciplina necesarios para gestionar el área de servicio técnico e instalaciones. Francisco era metódico y organizado, y sabía cómo manejar y motivar al personal técnico. Durante sus primeros meses en la compañía dedicó la mayor parte de su tiempo a organizar el departamento de servicio técnico, donde se recibían llamadas de clientes con problemas en sus artefactos.

En 1994 teníamos dos técnicos que se encargaban de visitar a los clientes con problemas en sus cocinas. Estos mismos técnicos también realizaban las instalaciones de calentadores de agua. Generalmente una cocina de gas no requiere de mayor mantenimiento. Sin embargo, en nuestro mercado objetivo, la cocina que compraba un cliente era usualmente su primera cocina de gas, y, a pesar de que el transportista que hacía la entrega de la cocina la dejaba conectada al balón de gas, y explicaba al ama de casa como usarla, no era inusual que algunos clientes posteriormente tuvieran un problema. Estos clientes llamaban al número de servicio técnico, explicaban su situación, y la persona que tomaba la llamada programaba una visita. Casi el total de visitas realizadas resultaban siendo innecesarias, ya que la mayoría de los problemas podían solucionarse por teléfono. Algunos clientes llamaban aproximadamente al mes de haber recibido su cocina para decir que esta ya no funcionaba. Frecuentemente se trataba de que el balón de gas estaba vacío. Otros clientes no limpiaban en absoluto las hornillas de su cocina, al punto de que estas se encontraban cubiertas de grasa o restos de comida, y ya no prendían. Francisco solucionó gran parte de estos problemas implementando un pequeño centro de llamadas con personal técnico que hacía preguntas a los clientes que llamaban, y les explicaba cómo resolver el problema por teléfono. Adicionalmente, Francisco reforzó el entrenamiento de los transportistas y preparó una guía de usuario muy sencilla. Con estas medidas se redujeron sustancialmente las visitas de servicio técnico. De esta forma, en corto tiempo, Francisco logró tener el área bajo control y operando eficientemente, y su equipo de técnicos pudo dedicarse a la instalación de calentadores de agua.

Había tres segmentos de clientes de calentadores de agua. El primero era el de las viviendas nuevas, principalmente para los sectores A y B de la población. Los compradores en este segmento eran habitualmente las compañías constructoras. Estas empresas estaban acostumbradas a dejar instaladas termas eléctricas en las viviendas que construían y fue un reto intentar convencerlas de que una vivienda nueva con instalaciones que permitieran a los residentes utilizar artefactos de gas sin la necesidad de preocuparse de los cambios de balones añadiría valor a la vivienda por encima de los costos de la instalación del sistema de gas. Como en toda introducción de un nuevo concepto, tomó algún tiempo conseguir el primer cliente, pero una vez que se logró acabar la primera edificación con medidores independientes de gas para cada departamento, el crecimiento de este segmento de mercado se dio de forma exponencial.

El proyecto de instalaciones de gas en viviendas nuevas fue un desarrollo conjunto con una empresa vinculada a nuestra compañía que se dedicaba a la comercialización de GLP. En dicha empresa laboraba un ingeniero civil de nombre Harry Estrada, con quien se trabajó mano a mano para introducir este nuevo concepto, y ofrecer paquetes completos incluyendo la instalación permanente de tubería, medidores de gas, y artefactos.

El segundo segmento de clientes era el que quería reemplazar los calentadores de agua existentes. Este segmento estaba compuesto por hogares que usaban termas eléctricas, pero que, con el sinceramiento de los precios de la electricidad que se dio a principios de los años noventa, se fueron dando cuenta de lo costoso que era utilizar una terma eléctrica, y empezaron a considerar la opción de cambiarla por un calentador de gas. Pero antes de tomar tal decisión, dichas familias frecuentemente aplicaban la estrategia de apagar la terma eléctrica durante el día, y prenderla nuevamente por la noche a fin de tener agua caliente a la mañana siguiente. Pero esto requería disciplina en el hogar, y a veces las familias se olvidaban de apagar la terma, y cuando llegaba el recibo de electricidad no veían mayor ahorro. Incluso peor era cuando se olvidaban de encender la terma la noche anterior, y a la mañana siguiente el agua estaba helada. Tarde o temprano, estas familias tomaban la decisión de cambiar la terma eléctrica por un calentador de gas, y en muchos casos, la decisión la tomaban antes de que la terma eléctrica alcanzara el fin de su vida útil. Era un tema de ahorro económico.

El tercer segmento de compradores de calentadores de agua de gas era un subgrupo del segmento de nuevas viviendas, pero que tenía ciertas particularidades que lo diferenciaba de las otras viviendas nuevas. Se trataba de las casas de playa al sur de Lima. La construcción de estas casas concluía entre mediados de octubre y principios de diciembre cada año, y en ese periodo de seis semanas había que completar la instalación de los calentadores de agua y demás artefactos de gas, antes de que se iniciara oficialmente la temporada de verano. Las casas de playa eran un mercado cautivo para nuestra empresa, porque la mayoría de ellas no contaban con la opción de emplear termas eléctricas, debido a limitaciones en la potencia máxima de las instalaciones eléctricas que tenían.

El corto periodo de tiempo que se tenía para realizar las instalaciones en casas de playa representaba un pico de trabajo para el equipo de instaladores de Francisco, y demandaba largas horas de trabajo de sus técnicos para completar todos los proyectos dentro del plazo fijado. Curiosamente, muchos de los técnicos disfrutaban de ir al sur para realizar las instalaciones. La felicidad en el rostro de los técnicos a los que les tocaba hacer instalaciones en casas de playa era como la de una persona que hubiera ganado la lotería. Era como si se les hubiera otorgado un día libre y lo iban a pasar en la playa. Quizá era la oportunidad que tenían de escapar de la rutina diaria en Lima y manejar en un día de semana durante el mes de noviembre en la Panamericana Sur, sin tráfico, disfrutando de la brisa marina y del sol que ya empezaba a salir en esa época del año, cuando aún no se hablaba de cambio climático, y parecía que tal cosa no existiera. Tal vez era la posibilidad de detenerse un momento y mirar el mar, o caminar por la arena, o de almorzar un cebiche camino a la playa. Tal vez era simplemente para poder ver y asombrarse del tamaño cada vez más grande, y de la arquitectura cada año más sofisticada de algunas de las casas de playa. Cualquiera que haya sido el motivo, los técnicos instaladores parecían verdaderamente felices yendo al sur.

El crecimiento del negocio de calentadores de agua no fue fácil, y encontramos obstáculos en el camino que tuvimos que superar. Por diversas razones, la ciudad de Lima empezó a sufrir de una caída de presión en la red de suministro de agua. En la mayoría de los distritos de Lima el agua llegaba con tan poca presión durante el día, que generalmente no subía a los baños en los pisos superiores. Las casas y edificios que contaban con una cisterna en el primer nivel y un tanque elevado de agua en la azotea, y con una bomba que bombeaba el agua de la cisterna al tanque elevado, no tenían mayor problema en el abastecimiento de agua. Muchos de los edificios de departamentos tenían este sistema de agua, pero la mayoría de las casas no lo tenían. La solución que apareció en el mercado fue la llamada bomba hidroneumática, la cual no requería que la vivienda tuviese una cisterna ni un tanque elevado de agua, haciéndola una solución atractiva para todas las viviendas que estaban sufriendo con el problema de la baja presión de agua. Desafortunadamente, la bomba hidroneumática introdujo un problema para los calentadores de gas, los cuales requieren de una presión de agua estable. La bomba hidroneumática proveía una presión alta, pero variable, y esa variación ocasionaba que la temperatura del agua caliente que suministraba el calentador también variase.

Para solucionar este problema introdujimos la línea de termotanques, que son aparatos similares a las termas eléctricas en que el agua se calienta y se almacena en un tanque, y no dependen de la presión del agua para su correcto funcionamiento. Pero una desventaja de los termotanques con relación a los calentadores de gas es que el agua caliente no es ilimitada. Sin embargo, el tiempo que requiere un termotanque para calentar el agua es menor que el de una terma eléctrica de similar capacidad, y el ahorro económico sigue siendo importante.

La introducción de la línea de termotanques no solo nos permitió ofrecer una solución a los clientes que utilizaban una bomba hidroneumática en su vivienda, sino que también nos ayudó a abrir nuevos mercados para el calentamiento de agua. Un calentador de gas típicamente puede suministrar agua caliente a uno, dos, o, como máximo, tres baños simultáneamente, por lo que su uso estaba limitado al sector residencial. Los termotanques, en cambio, podían ser utilizados en clubes, hoteles, gimnasios, entre otras instalaciones no residenciales. Dicho de otra forma, podíamos empezar a competir con el mercado de las calderas, no las industriales, pero sí las de tipo comercial. Para lograr esto bastaba instalar una batería de termotanques en paralelo. No solo resultaba una solución más económica que una caldera de igual capacidad, pero además permitía al usuario dar mantenimiento a un termotanque individual, sin tener que cortar el servicio de agua caliente. Estas instalaciones de mayor envergadura las hacíamos junto con el equipo de Harry Estrada, quien se encargaba del diseño e instalación del suministro de gas, mientras que el equipo de Francisco trabajaba con el cliente para dimensionar e instalar el sistema de termotanques.

El vertiginoso crecimiento en la venta de calentadores de gas no sucedió por casualidad. El incremento en el precio de la electricidad fue una condición necesaria, pero no suficiente. La campaña comercial que Ana María y su equipo de marketing desarrollaron fue esencial para llevar el mensaje a nuestro público objetivo. En solo un año, nuestros calentadores de gas se posicionaron como la alternativa a las termas eléctricas. En los siguientes dos años pasaríamos de vender e instalar unos cientos de calentadores al año a varios miles. El equipo de técnicos instaladores de Francisco creció a más de diez personas dedicadas exclusivamente a la instalación de calentadores de agua.

La administración eficiente del personal de servicio técnico requería una gestión diferente a la de nuestros vendedores, cobradores, y transportistas, a quienes incentivábamos pagándoles una comisión por ventas efectuadas, montos cobrados, y artefactos entregados, respectivamente. Las actividades de servicio técnico e instalaciones requerían el uso de herramientas y materiales, y el trabajo tenía que hacerse correctamente la primera vez. Pero, en adición a la eficiencia y calidad del servicio, estaba el tema de la productividad. Aquí es donde Francisco aplicó de lleno sus estudios de ingeniería industrial y desarrolló un sistema detallado para medir los costos y tiempos de las actividades que realizaban los técnicos, así como para evaluar múltiples variables relacionadas a la calidad del trabajo que ejecutaban. Pero el cambio más importante que realizó fue el de convertir a nuestros empleados de servicio técnico en profesionales independientes, que de un día a otro empezaron a ver el mundo a su alrededor desde una perspectiva diferente.

Cuando inicialmente se propuso a los técnicos la idea de tercerizar el servicio de instalaciones, ellos se sorprendieron, y se opusieron a la idea. Querían saber el motivo. La explicación era sencilla. Si bien es cierto que los técnicos estaban realizando un buen trabajo, la empresa quería que dejaran de pensar como empleados, y que empezaran a pensar como emprendedores; que dejaran de solucionar problemas puntuales, y que empezaran a encontrar soluciones permanentes que transformasen los procesos operativos de la empresa. Se les dijo que mientras siguieran siendo empleados, la falsa sensación de seguridad laboral que tenían les impedía ver las cosas de forma diferente, y que cada uno de ellos tenía el potencial de llegar muy lejos, pero que su resistencia al cambio era un obstáculo a su desarrollo personal y profesional. Se les explicó que los beneficios que perseguíamos con tercerizar el servicio de instalaciones no eran únicamente para la empresa, sino también para ellos, y que en la medida en que ellos se beneficiaran, la empresa se favorecería. No lo llegaban a comprender. No lo llegaban a comprender porque la posición desde la que trataban de analizar la situación era la de un empleado.

Pero Francisco y Antonio habían estudiado detalladamente el tema de la tercerización, y estaban convencidos de que el cambio era necesario, y decidieron ir adelante con el plan. Se ayudó a los técnicos a formar sus propias empresas, y se les transfirió los vehículos de servicio técnico y el inventario de materiales y herramientas que tenía la organización. Se definieron precios para cada tipo de instalación basados en las mediciones de productividad que Francisco había realizado durante más de un año. Como profesionales independientes, los técnicos tendrían la responsabilidad de administrar su tiempo, y la libertad de realizar otras actividades. Como es natural en todo cambio organizativo, hubo un periodo de adecuación y ajuste, pero al final la tercerización del servicio de instalaciones fue exitosa.

En solo unos meses de iniciada la reorganización, los técnicos habían cambiado. Eran más puntuales, vestían de forma impecable, y siempre llevaban consigo todas los materiales y herramientas que necesitaban para realizar su labor. Después de un año, no cabía duda de que habían madurado profesionalmente. Seguían teniendo el espíritu de cooperación y servicio que siempre los había caracterizado, pero su comunicación era más asertiva. Asimismo, planificaban cuidadosamente el trabajo que iban a realizar a fin de optimizar su tiempo, y mostraban interés en superarse y aprender sobre temas relacionados a instalaciones más complejas.

El hecho de que los técnicos se habían transformado en profesionales independientes y responsables, y que habían sido capaces de tomar el control de su propio destino era fuente de orgullo e inspiración para todos en el área de operaciones. Muchos de estos técnicos nunca más dependerían de un empleador, y, años más tarde, algunos de ellos llegarían a tener sus propias empresas de instalaciones con sus propios empleados.

En la actualidad, más del 80% de los hogares en el Perú cuenta con agua potable dentro de la vivienda, y un porcentaje cada vez mayor cuenta con instalaciones de agua caliente. En las últimas dos décadas, el mercado de calentadores de agua de gas ha crecido en forma explosiva, y hay decenas de empresas que comercializan estos calentadores, y varios centenares de técnicos calificados para realizar las instalaciones. Dentro del grupo de especialistas veteranos se encuentran la mayoría de los técnicos que trabajaron en la organización.

Compromiso total

El tema del liderazgo ha sido ampliamente estudiado y debatido desde tiempo inmemorial. Una simple búsqueda en Amazon resulta en más de sesenta mil libros con la palabra "liderazgo" en el título. Tratar de leerlos todos es imposible, y, aun si uno pudiera hacerlo, es probable que siguiera sin entender realmente lo que es un líder.

La mejor forma de comprender la verdadera esencia del liderazgo es conociendo a un líder en persona. La paradoja radica en que luego de observar el comportamiento de un líder de cerca, e interactuar con él o con ella, uno no es capaz de poner en palabras lo que ha significado la experiencia. Tal vez un poeta lo pudiera hacer, pero no el común de las personas. Esto podría explicar la razón por la que tantos autores han sentido la necesidad de escribir sobre el tema.

En la empresa, todos tuvimos la fortuna de conocer a Alan y trabajar con él por varios años. Alan era un líder nato, y era un líder auténtico. Para aquellas personas que nunca habían conocido a un verdadero líder, solo bastaba conversar unos momentos con Alan, o escucharlo hablar, para saber que se estaba en frente de un líder de verdad.

Alan tenía una visión clara para la empresa y la compartió con todos nosotros. Pero, más que esa visión, era su pasión y entusiasmo los que eran cautivantes. Él nos inspiró a creer que todo era posible y nos alentó a pensar en grande. Incluso más importante, nos dio libertad, no solo libertad de acción, sino especialmente libertad de soñar. Tuvimos la oportunidad de imaginar el futuro de la empresa y de hacer las cosas de forma diferente.

Trabajar en la empresa era una experiencia única y extraordinaria. El concepto era sencillo. Teníamos objetivos claros, y todos trabajábamos en equipo para lograrlos. Estas no eran palabras ni frases escritas en un manual o en algún otro documento de la empresa. Era simple lógica. Si todos estábamos de acuerdo en lo que queríamos lograr, y remábamos en la misma dirección, y teníamos el deseo y una actitud positiva para resolver los problemas y conflictos que aparecieran en nuestro camino, lograríamos nuestras metas. Tan simple como eso. Esto puede parecer una descripción clásica y simplista de la forma teórica o ideal de gerenciar una empresa, y tal vez lo sea, pero funcionaba al pie de la letra en nuestra compañía, porque había liderazgo, liderazgo de verdad. La burocracia y la mediocridad no tenían lugar en nuestra organización, ni tampoco las excusas.

Al final de nuestro primer año de operación, éramos menos de treinta personas en la compañía, y al igual que en otras empresas pequeñas, la gestión del negocio era relativamente simple. Sin embargo, tres años después, cuando éramos más de seiscientas personas y teníamos una facturación de casi treinta millones de dólares, nuestros principios de gestión empresarial no habían cambiado, y la cultura organizacional de la empresa seguía siendo igual de fuerte.

No todo era perfecto. Por el contrario, cometíamos errores, errores en decisiones que tomábamos y en planes que ejecutábamos. Pero errar no era un pecado en nuestra organización. Pecado era la negligencia y la mediocridad. Los errores eran oportunidades para corregir nuestro rumbo y para aprender. Todos éramos jóvenes con menos de diez años de experiencia laboral, y la mayoría con menos de cinco. Los errores nos ayudaron a crecer y desarrollarnos como profesionales, pero sobre todo como personas.

Los gerentes trabajaban mano a mano con Alan, y se involucraban en todos los aspectos del negocio, como si fuera una empresa familiar. El equipo gerencial se reunía con frecuencia para mantenerse informado de lo que estaba ocurriendo en cada una de las áreas del negocio. Debemos recordar que en esa época todavía no se utilizaba el correo electrónico, por lo que la comunicación era mayormente verbal. El mismo método de comunicación lo utilizaba cada gerente con su grupo de trabajo.

Nuestra visión y misión fueron claramente definidas desde el primer día. Nuestra misión era brindar una mejor calidad de vida a los hogares peruanos a través del uso del gas. Era un mensaje claro y comprensible por todos en la empresa, y nos distinguía de las otras empresas que vendían artefactos electrodomésticos. Es cierto que nuestra compañía no solo vendía artefactos de gas, pero más del 80% de lo que vendíamos eran cocinas y termas de gas. Nuestra misión también manifestaba el interés que teníamos en contribuir al bienestar de nuestros clientes, y ese fue un valor fundamental de nuestra cultura organizacional.

La visión de la empresa era un claro reflejo de la forma en que Alan veía el mundo. Él pensaba en grande y creía que ningún obstáculo era insuperable. Nada era imposible para él. Nuestra visión era convertirnos en la empresa líder en la comercialización de artefactos de gas en el Perú. El término "líder" significaba muchas cosas, entre ellas, ser la más grande.

La visión que nos habíamos propuesto era similar a escalar una enorme montaña. Una montaña que otras empresas habían empezado a ascender años antes. Aspirar a ser la empresa más grande significaba alcanzar y sobrepasar a las demás. No era imposible, pero lograrlo requería el compromiso absoluto de todos en la empresa. Nos tuvimos que fijar objetivos ambiciosos, y conseguirlos requería trabajar como un solo equipo. Había que ser eficiente y trabajar en forma incansable. No nos podíamos permitir ninguna complacencia, mucho menos errores por descuido o pereza.

Uno podría pensar que objetivos tan ambiciosos que requerían una gran dedicación y sacrificio de todo el personal agotarían a la organización entera y terminarían siendo contraproducentes. Pero esto no fue así. Nunca se notó en la organización un ambiente de cansancio. Ciertamente no éramos expertos en el tema de estrés laboral, pero lo que sí sabíamos hacer era comunicarnos bien entre nosotros. Conversábamos cara a cara todo el tiempo. No había otra forma de hacerlo. Nuestra central telefónica solo tenía un limitado número de extensiones. Muy limitado. Para discutir un tema uno tenía que levantarse de su escritorio e ir a donde se encontraba la otra persona. Todos nos conocíamos bien, y confiábamos el uno en el otro.

La metodología que usábamos para elaborar y ejecutar los planes para alcanzar un objetivo se asemeja a lo que se conoce como "Agile" en el desarrollo de software. Básicamente, troceábamos un gran objetivo en pequeñas partes que podíamos planificar e implementar rápidamente. Esto nos permitía hacer ajustes continuos y evitaba que perdiésemos tiempo valioso. Asimismo, este método se adaptaba bien al estilo de liderazgo de Alan, quien traía nuevas ideas todo el tiempo, y no era inusual tener que hacer pequeños cambios, y a veces no tan pequeños, en la dirección en la que íbamos.

El resultado del trabajo diario podía verse con claridad. La empresa crecía y se desarrollaba a pasos agigantados. Todo el personal percibía este crecimiento, y podía identificar en él, el producto de su propio trabajo y esfuerzo. La retroalimentación era instantánea, no era necesario esperar tres, seis o doce meses para ver los resultados o recibir una evaluación de desempeño. No podíamos permitirnos el lujo de esperar tanto tiempo. En la dimensión en la que vivíamos el tiempo no era una magnitud absoluta, las manecillas de nuestro reloj giraban más rápidas que las de un reloj ordinario, y marcaban el paso acelerado al que vivíamos.

En retrospectiva tal vez estábamos viviendo más rápido de lo que debíamos. Es difícil saberlo. Éramos jóvenes y teníamos ganas de hacer lo que se consideraba imposible, y energía no nos faltaba.

El efecto motivacional que tenía en las personas poder observar directamente la consecuencia de sus decisiones y acciones era muy poderoso, especialmente cuando la retroalimentación ocurría inmediatamente después de tomada la decisión o ejecutada la acción. El resultado era que todos en la empresa se sentían responsables y en control de sus propias acciones, y en última instancia de sus vidas y de su futuro.

La pasión, el compromiso, y la entrega de todos era absoluta. La empresa se convirtió en una extensión del hogar. No era inusual volver a la oficina por la noche o durante el fin de semana para terminar una tarea y encontrarse con decenas de personas trabajando. En muchos casos nadie le había pedido a ese personal que se quede a trabajar hasta tarde, o que venga a la oficina el fin de semana. Existía un verdadero sentido de compromiso y responsabilidad.

No todo fue fácil. Nos tuvimos que enfrentar a un sinfín de retos y obstáculos al tratar de hacer realidad nuestros sueños. El crecimiento acelerado nos obligó a mudar el almacén dos veces en menos de catorce meses. El primer almacén en Surquillo solo tenía seiscientos metros cuadrados, el de San Luis casi dos mil, y el de Chorrillos seis mil. La inauguración de tiendas en provincias requirió un nuevo proceso logístico para la distribución de los productos. El exponencial crecimiento de la base instalada de artefactos demandó un servicio técnico más ágil y eficiente. Los sistemas informáticos requirieron modernización. Para financiar nuestro crecimiento tuvimos que idear un sistema de venta de cartera de créditos a los bancos. Pero tal vez el mayor reto en la empresa lo tenía el área de recursos humanos, que se encontraba dedicada exclusivamente a la búsqueda, reclutamiento y selección de personal para soportar el continuo crecimiento de la empresa.

Ninguno de estos ni muchos otros retos nos asustaron. Siempre encontrábamos solución a los problemas. Nuestra pasión y compromiso eran incondicionales. Pero lo más importante es que trabajábamos con alegría y nos divertíamos. Habíamos aprendido a encontrar placer en el trabajo, y el trabajo dejó de ser una actividad meramente económica, para convertirse en parte esencial de nuestras vidas.

Parte importante del éxito que habíamos tenido desde el inicio de las actividades de la compañía fue la calidad del personal que se contrataba. Eduardo, como gerente de administración y finanzas, y responsable del área de recursos humanos, se involucraba directamente en el proceso de reclutamiento y contratación de personal clave, y tenía buen ojo para identificar a los candidatos que tuvieran un perfil compatible con nuestra cultura organizacional. La rotación de personal era muy reducida. Los que entraban a trabajar a la empresa no querían ir a trabajar a ninguna otra compañía, y en contadas ocasiones tuvimos que despedir a un empleado.

Desde el principio, Alan se había preocupado de formar el mejor equipo posible. Él sabía que la visión que tenía para la empresa solo podría lograrse con un grupo humano talentoso y comprometido. Un equipo de profesionales que no se diera por vencido fácilmente. Un conjunto de personas cuyo interés no fuese sobresalir como individuos, sino como miembros de un equipo extraordinario.

Nuestra cultura organizacional priorizaba el trabajo eficiente y efectivo, pero también daba mucha importancia al reconocimiento y celebración de los logros del equipo; y los celebrábamos bien.

Marzo de 1996 marcó el tercer aniversario de creación de la empresa, y para entonces ya éramos casi seiscientos empleados. Habíamos terminado el año 1995 con cerca de veinte millones de dólares en ingresos, y contábamos con cincuenta puntos de venta a nivel nacional entre tiendas propias y distribuidores. Sin importar la forma en que se midieran los resultados, nuestros logros eran extraordinarios, y había que festejarlo, y festejarlo a lo grande, y qué mejor sitio para hacerlo que en una gran discoteca. Alquilamos el local de "El Salonazo", la discoteca más popular y de moda de ese entonces. Todo el personal de la empresa que trabajaba en Lima asistió, y fue un evento espectacular.

Como el personal de la empresa que trabajaba fuera de Lima no pudo participar en la fiesta realizada en "El Salonazo", se organizó otra celebración en el norte. Todos los gerentes viajaron a Chiclayo, donde se alquiló un gran salón de fiesta en un hotel, y se invitó a todo el personal que laboraba en Trujillo, Chiclayo y Piura. Fue otra celebración inolvidable.

Estos dos eventos, al igual que muchos otros de menor envergadura, se iniciaban con una serie de presentaciones formales realizadas por cada uno de los gerentes, mostrando los resultados del año anterior y presentando los planes para el año siguiente. Esto era seguido por una ceremonia de premiación y reconocimiento al personal que había destacado en las diferentes áreas, durante la cual se les entregaba certificados y presentes. Luego venía la merecida juerga.

Los fundamentos de nuestra organización eran simples. Teníamos un líder que tenía una visión, una visión de hacer algo grande, de hacer algo de forma diferente, algo que otros veían como imposible. Y teníamos un grupo de personas apasionadas que decidieron confiar en el líder y en su visión, y se comprometieron a trabajar como un solo equipo y dar todo de sí para lograr los objetivos. Esto es, en resumidas cuentas, lo que fue nuestra organización.

Cultura del gas

En los países industrializados más del 50% de la energía que se consume en los hogares proviene del uso del gas. La electricidad se utiliza para la iluminación, el sistema de aire acondicionado, la refrigeradora, y demás electrodomésticos. El gas por su lado es empleado para cocinar, para el agua caliente, el secado de ropa, y la calefacción ambiental.

A mediados de los noventa la mayoría de los hogares en los niveles socioeconómicos A y B en el Perú utilizaban gas para cocinar, pero pocos de ellos empleaban gas para el agua caliente. Todos los demás artefactos en el hogar eran eléctricos. Ciertamente existía una gran diferencia en el consumo de energía promedio en los hogares en países industrializados en comparación con los hogares en el Perú. Esta diferencia se debía principalmente a la desigualdad en el ingreso per cápita, el tamaño de las viviendas, los materiales de construcción, y el clima.

Sin embargo, si la comparación se realizaba entre hogares de la clase media de los países industrializados y hogares en los niveles socioeconómicos A y B en Lima Metropolitana, las diferencias eran considerablemente menores.

A comienzos de abril de 1996, Alan, Alberto y Antonio viajaron a Atlanta para visitar la feria internacional de artefactos a gas de la NPGA. Esta feria era la más grande en los Estados Unidos y una de las más grandes en el mundo, y congregaba a miles de fabricantes, importadores y distribuidores de todo tipo de artefactos de gas.

El objetivo de la visita era seleccionar los productos que se comprarían como parte del inventario inicial para el centro de artefactos de gas que nuestra empresa planeaba inaugurar en junio de ese año. Esta novedosa sala de exhibiciones tendría toda la gama de artefactos de gas para el hogar, incluyendo cocinas, parrillas, secadoras de ropa, chimeneas, termas, estufas, calentadores para exteriores, calentadores de piscinas, e inclusive refrigeradoras y congeladoras a gas. El centro de artefactos de gas sería una tienda innovadora en el Perú.

El éxito que nuestra empresa había tenido con los calentadores de agua de gas y las redes de gas en edificios residenciales nos hizo pensar que también podría haber un mercado para estos otros artefactos de gas. Ciertamente, el mercado potencial no sería muy grande al inicio, pero en la medida en que fuera mejorando la economía del país el mercado objetivo también iría creciendo. Adicionalmente, el gas de Camisea prometía un futuro con gas natural canalizado a bajo costo.

Algunos de los artefactos que planeábamos ofrecer en el centro de artefactos de gas reemplazarían a sus similares eléctricos, como era el caso de las secadoras de ropa. En ese entonces, un reducido número de hogares en el Perú utilizaba secadora de ropa, y la mayoría de estas eran eléctricas. Gran parte de los consumidores ni siquiera sabía que existían secadoras de ropa de gas. Las secadoras de ropa eléctricas consumen tanta energía como el horno de una cocina eléctrica, y normalmente requieren de una conexión especial. Pero la mayoría de las casas y departamentos no tenían un tomacorriente con la potencia requerida por una secadora de ropa. Esto hacía más atractiva la idea de tener una secadora de ropa que funcionara con gas.

Al igual que los calentadores de agua de gas, las secadoras de ropa de gas representaban un ahorro en el consumo de energía de aproximadamente 40% respecto a las secadoras eléctricas.

Otro artefacto de gas que reemplazaba a su similar eléctrico era el calefactor de ambiente o estufa. A pesar de que el invierno en Lima no es muy frío, algunas familias en el nivel socioeconómico A deseaban contar con este tipo de comodidad.

Las chimeneas de gas eran una alternativa a las estufas, y no solo sirven para calentar el ambiente, sino que también cumplen un papel decorativo. Había una gran variedad de ellas. Para las casas que ya contaban con una chimenea ofreceríamos el quemador de gas y los troncos de cerámica, los cuales son idénticos a los troncos naturales con la diferencia de que no se queman, y no producen cenizas ni restos de hollín. Muchos de los sistemas que venderíamos tendrían un control remoto para encender la chimenea y para controlar el tamaño de la llama.

Para aquellas casas o departamentos que no tenían una chimenea, ofreceríamos estufas chimenea construidas en hierro fundido, con acabados en porcelana vitrificada de diversos colores. Eran verdaderas obras de arte.

La zona de parrillas a gas sería una de las más extensas y exhibiría una gran variedad de modelos, desde ahumadores y parrillas portátiles, hasta parrillas empotrables en una estructura de ladrillos para terrazas y cocinas exteriores.

Se decidió que el centro de artefactos de gas estaría ubicado en la esquina de la Avenida Comandante Espinar y la calle El Rosario en Miraflores. Tendría una sala de exhibiciones de quinientos metros cuadrados en la que todos los artefactos se encontrarían instalados y funcionando. Para lograr esto, nuestro plan era instalar un gran tanque de gas estacionario en el segundo nivel detrás de una ventana de plexiglás, pero visible al público. Los consumidores estaban acostumbrados a utilizar balones de gas para sus cocinas y calentadores, y nuestra intención era mostrarles cómo se podía instalar un tanque de gas en el techo de una casa o de un edificio, y de ahí tender tuberías embutidas en las paredes que conducen el gas a cada artefacto. El objetivo era eliminar por completo el uso de los balones de gas dentro de la vivienda, haciendo más segura la instalación, y ofreciendo un suministro de gas ininterrumpido.

El plazo que nos habíamos fijado para abrir la sala de exhibiciones era ajustado, y se requería de una gestión eficaz del proyecto para completarlo antes de la fecha límite, que estaba marcada por el día de la inauguración oficial. Alberto había sido propuesto como encargado de este proyecto. Esto representaba una gran responsabilidad para él dada su corta experiencia laboral. Pero la voluntad de superación que tenía, y el entusiasmo que le caracterizaba, excedían con creces lo que carecía de experiencia. Alberto asumió con especial orgullo el encargo.

El proyecto del centro de artefactos de gas involucraba más que el montaje de la sala de exhibiciones. También incluía la campaña publicitaria, a la que dedicó considerable tiempo el equipo de marketing de Ana María, y la organización del evento de inauguración, que era una de las tareas principales de Alberto.

Dos semanas antes del día de la inauguración la sala de exhibiciones se encontraba terminada casi en su totalidad; solo quedaban pendientes algunos pequeños detalles que no representaría mayor problema completar. El único elemento de gran importancia que faltaba era el letrero luminoso que se encontraría a la entrada del establecimiento, el cual tenía que estar instalado y funcionando el día de la inauguración. El retraso en la instalación del letrero luminoso amenazó en convertirse en el talón de Aquiles del proyecto. Sin poder tolerar más el continuo incumplimiento de fechas prometidas por el fabricante del letrero, Alberto tomó el toro por las astas, y se dirigió al taller del fabricante ubicado en el distrito del Rímac, y literalmente se instaló ahí hasta que el letrero estuvo terminado. Durante ese tiempo, Alberto fungió de supervisor, capataz, guardián, y electricista, involucrándose íntimamente con la fabricación del problemático letrero. Al cabo de unos días salió triunfante por el portón del taller escoltando al camión que transportaba el enorme letrero luminoso.

Lo que llevó a Alberto a hacer lo que hizo fue la obligación que sentía de cumplir con la responsabilidad que había asumido. En nuestra empresa los compromisos que uno aceptaba tenían peso, y si uno no llevaba a cabo su deber con disciplina y entereza, el peso de la responsabilidad terminaba aplastándolo.

La ceremonia de inauguración del centro de artefactos de gas fue un magnífico evento al que asistieron casi doscientas personas. Los invitados estaban visiblemente asombrados de la amplia gama de artefactos de gas para el hogar que se ofrecían, y se hizo obvio que muchos de los productos en exhibición eran una verdadera novedad para la mayoría de los asistentes. Pero fueron las chimeneas y las parrillas las que capturaron la atención de los visitantes, muchos de los cuales indagaban acerca de la forma en que estas se instalaban, y la seguridad de las mismas.

En los días y semanas que siguieron a la inauguración el flujo de clientes que visitaba la sala de exhibiciones fue aumentando progresivamente. Los productos que más se vendían eran las parrillas y los calentadores de agua. Un gran número de clientes solicitaba que los ingenieros de venta visiten sus hogares para explicarles la forma en que se realizaría la instalación de gas, y para darles un presupuesto.

Algunos clientes venían a la sala de exhibiciones acompañados de sus arquitectos para que estos pudieran tomar las dimensiones de hornos y parrillas empotrables, chimeneas, y secadoras. En la mayoría de los casos se trataba de clientes que estaban construyendo una casa nueva y planeaban instalar una variedad de artefactos de gas. El costo de la instalación de tuberías de gas en construcciones nuevas no era significativo. Pero diferente era el caso de las viviendas existentes, en las que era necesario picar paredes y pisos para instalar las tuberías, y luego había que resanar y pintar. En estas situaciones, el costo de las instalaciones podía ser comparable, o incluso mayor al costo de los artefactos.

Luego de seis meses de inaugurada la sala de exhibiciones, se hizo evidente que, en el mejor de los casos, se llegaría al punto de equilibrio financiero en el segundo año. El deseo de los clientes de tener algunos de los artefactos de gas que se ofrecían, como por ejemplo una chimenea o un calentador de piscina, y lograr así una mejor calidad de vida, sin duda existía. Pero el número de clientes con real capacidad de compra era limitado. Más aun, habíamos subestimado la estacionalidad de las ventas de algunos de los productos, y mientras la demanda de parrillas continuó creciendo durante el verano, la de chimeneas se desplomó.

El volumen de ventas que necesitábamos para hacer de esta iniciativa un negocio rentable y sostenible tendría que venir principalmente de la construcción de nuevas viviendas para los niveles socioeconómicos A y B. Pero el gran dinamismo que había tenido el sector construcción en los tres años anteriores estaba a punto de reducirse dramáticamente. El PBI del sector construcción caería año tras año hasta inicios del nuevo milenio, luego de lo cual recién se daría el verdadero despegue de la construcción residencial.

La otra premisa en la que habíamos fundamentado nuestro plan de negocios para el centro de artefactos de gas también se vería afectado con la postergación y posteriores demoras en el desarrollo del gas de Camisea, retrasando la llegada del gas natural a Lima por casi una década.

Tuvimos que admitir que tal vez nos habíamos adelantado a nuestro tiempo, y que el eslogan que usamos para la campaña publicitaria que decía "Disfrute la energía del futuro, en el hogar de hoy", se refería a un presente futuro, a un hoy por venir.

Pero nuestra frustración y desencanto al ver que los planes trazados no salieron como esperábamos no podrían borrar el hecho de que ese miércoles 26 de junio de 1996, la inauguración del primer centro de artefactos de gas en el Perú simbolizó el inicio de la cultura del uso del gas en los hogares peruanos.

El acuerdo

Los registros más antiguos sobre la fusión y adquisición de empresas datan de hace algunos cientos de años. Sin embargo, es muy probable que la historia de las alianzas estratégicas entre empresas sea tan antigua como el comercio mismo. Existen muchas formas en que dos empresas pueden asociarse, desde simples acuerdos comerciales, hasta complejos procesos de fusión en los que una tercera empresa es formada. Los motivos por los cuales dos empresas deciden asociarse son variados, pero la razón fundamental siempre es de carácter económico.

En 1996 el crecimiento del PBI en el Perú fue de 2.8%, un modesto incremento comparado con la expansión de 7% el año anterior y 13% dos años antes. El enfriamiento de la economía fue resultado de un ajuste realizado por el gobierno para controlar el déficit en cuenta corriente.

A pesar de la desaceleración de la economía peruana, nuestra compañía siguió creciendo a lo largo del año 1996, pero ante la incertidumbre política y económica del país, los accionistas consideraron que era el momento indicado para vender la empresa.

El equipo gerencial de nuestra compañía estuvo participando en sesiones de coaching de equipos con la Dra. Dalila Platero, conocida consultora organizacional en el país. Coincidentemente, la plana gerencial de la empresa de artefactos más grande del Perú también estaba trabajando con la misma consultora. Es así como la Dra. Platero decidió poner en contacto a los accionistas de ambas empresas, pensando que dos grupos gerenciales talentosos podrían hacer algo extraordinario trabajando juntos. Este fue el origen de lo que pocos meses después vendría a ser un acuerdo entre ambas empresas.

La empresa más grande en el mercado de artefactos electrodomésticos en el Perú tenía un tamaño varias veces mayor que el de nuestra compañía, y contaba con puntos de venta en todo el país, pero su mercado objetivo eran los hogares en los niveles socioeconómicos A, B, y la parte del C que se encontraba dentro de la economía formal. Nuestras tiendas no eran de mayor interés para esta empresa, pero sí lo era nuestro canal de venta directa, nuestro sistema de otorgamiento de crédito, y, sobre todo, nuestra marca, la cual estaba bien posicionada en los niveles socioeconómicos C y D. Había una clara sinergia entre ambas empresas. Era un matrimonio perfecto.

En nuestra compañía eran pocas las personas que habían sido informadas de la intención de los accionistas de vender la empresa. En ese pequeño grupo se encontraban Alan, Armando, Antonio y Eduardo, quienes recibieron el encargo del directorio de analizar posibles alternativas de alianza entre ambas empresas, formular los términos de un potencial acuerdo, y esbozar un plan de implementación.

Todo el personal de nuestra empresa siempre había formado un solo equipo, y la dirección en la que iba la compañía era conocida por todos. Cualquier cambio de rumbo era comunicado oportunamente al personal. Sin embargo, en esta ocasión, las cosas tenían que hacerse de forma diferente. Los planes que se tenían para cambiar de curso no podían compartirse con los demás. Tal vez por primera vez en la corta historia de nuestra empresa se tuvo que mantener un importante plan en total secreto. No fue tarea fácil. No porque los que sabían del acuerdo no fueran capaces de mantener un tema crucial en reserva. La dificultad radicaba en el ritmo de crecimiento tan grande que nuestra empresa había tenido en los últimos tres años, y que seguía teniendo en ese momento. A diario se tomaban decisiones relacionadas a reclutamiento de nuevo personal, campañas de marketing, nuevos productos, ofertas, planes de expansión, venta de cartera a los bancos, así como muchos otros temas, y, repentinamente, se tuvo que poner freno a todo eso. La rapidez y resolución que había caracterizado la toma de decisiones fue súbitamente reemplazada por una actitud vacilante. Incluso algunas decisiones parecían contradecir las tomadas semanas y meses anteriores. De no haber sido por la plena confianza que tenían los empleados en sus gerentes, uno habría dicho que había gato encerrado.

Pero mantener en secreto la idea de vender la empresa también representó una carga emocional para los que conocían el plan. Es muy probable que Alan y el grupo de gerentes que sabían del acuerdo se sintieran como traidores. No solo traidores con relación al resto del equipo, sino traidores con respecto al futuro que habían imaginado, y a la visión que habían creado y compartido con los demás. Sin duda alguna debieron haber sentido que abandonaban el sueño que habían tenido, y que renunciaban a la posibilidad de hacerlo realidad. Con toda certeza tuvieron que haber sentido que estaban siendo desleales. No cabe otra posibilidad, porque la pasión que estos gerentes tenían por la empresa, y el cariño y respeto que tenían por todos sus integrantes iba más allá de un contrato laboral. Esta empresa era su hogar.

Pero si bien la empresa era su hogar, no era de su propiedad, y el sentimiento de pertenencia a esta gran familia no podía anteponerse a la obligación que tenían los gerentes con los accionistas.

El acuerdo entre las dos empresas fue aprobado por los directorios respectivos en tiempo muy corto, y de inmediato se puso en marcha el plan de implementación. El primer paso era informar a todo el personal sobre el acuerdo. Alan, como gerente general, era responsable de hacer esto. Pararse frente a ese gran equipo que habíamos formado a lo largo de cuatro años para hacer este anuncio fue, sin duda, la tarea más difícil que tuvo que hacer. Cuando Alan reunía a todo el personal era usualmente para comunicar cosas grandes, como nuestra visión para el futuro, los planes de crecimiento, nuestros resultados extraordinarios del año anterior, o el lanzamiento de una nueva línea de productos. Muy diferente fue el ambiente el día en que Alan comunicó a todo el personal el acuerdo que habíamos firmado con la otra empresa. No había manera de explicar en forma racional o convincente un cambio de rumbo tan abrupto. El mensaje fue corto y sencillo. Tal vez desde el punto de vista de relaciones públicas la comunicación se hizo correctamente. Pero la noticia era mala, y no había forma de disfrazarla, o hacerla parecer buena.

El shock fue enorme. La sorpresa fue tan grande que nadie atinaba a preguntar nada. Era como si el personal hubiese sido anestesiado con el mensaje y no lograba procesar la información recibida. Tuvieron que pasar varias horas antes de que algunas personas empezaran a reaccionar y se dieran cuenta de lo que se les había dicho. Los empleados comenzaron a conversar entre ellos en pequeños grupos tratando de comprender lo que cada uno había entendido. Muchas personas tenían la esperanza de que solo ellos hubieran entendido mal el mensaje y que en realidad nada había cambiado. Algunas personas empezaron a acercarse a los gerentes para indagar sobre los detalles del acuerdo. La negación de muchos era total. Querían buscar otras soluciones o alternativas a la alianza, como si esa fuera una posibilidad.

La mayoría de las preguntas que hacía el personal buscaban entender el motivo por el que se había firmado el acuerdo con la otra empresa. No comprendían por qué había sido necesario suscribir tal acuerdo. Luego comenzaron a hacer preguntas sobre el momento en que los cambios ocurrirían. Muchas personas parecían tener la esperanza de que tal vez el acuerdo fuera una cosa del futuro, y que podrían diferir su preocupación para más adelante. Pero las preguntas más difíciles que hacían los empleados eran las relacionadas con su propio trabajo. No hay situación más difícil que estar sentado frente a otra persona, y ver en sus ojos el temor de un futuro incierto o la incapacidad de controlar su propio destino.

El desconcierto de todos ante un anuncio completamente inesperado era una reacción normal. Durante cuatro años habíamos estado en un viaje, en un viaje de aventura, escalando una gran montaña, con la mirada siempre al frente. Mirábamos atrás solo para ver cuánto habíamos avanzado. Nunca se había hablado sobre bajar la montaña. Ese plan no existía, no existía en papel, y mucho menos en la imaginación de nadie en la empresa. Anunciar repentinamente que era necesario detener nuestra marcha fue una sorpresa y una gran desilusión. Peor aún, el anuncio no incluía un plan de retorno, y no había tiempo para volver por el mismo camino. El descenso tendría que ser a rápel.

El ambiente en la oficina luego del anuncio fue como el de un funeral. Reinaba una tristeza como la que se siente cuando se ha perdido a un familiar. Ciertamente la gente estaba preocupada por perder su trabajo, pero el sentimiento general de tristeza era porque el mundo que habíamos creado y en el que la mayoría del personal había encontrado un lugar donde podía trabajar en forma armoniosa y profesional estaba por finalizar.

Mientras era comprensible que la mayoría tratara de aferrarse a sus vidas presentes en las que habían encontrado una rutina que les daba satisfacción y felicidad, era notable que otros pocos veían el cambio como una oportunidad. Una oportunidad de hacer algo diferente. Una oportunidad de cambiar de rumbo, de ir por un nuevo camino, uno que estuviera lleno de sorpresas e incertidumbre, y que les permitiera soñar e imaginar una nueva aventura.

Al día siguiente de que Alan anunciara el acuerdo en la oficina principal en Lima, Armando, Eduardo, Tobías y Antonio, viajaron cada uno a una de las cuatro ciudades fuera de Lima donde teníamos tiendas, operaciones de crédito, y personal de venta directa. El objetivo era informar al personal de estas localidades sobre el acuerdo que se había firmado, e iniciar el proceso de cierre de la sucursal junto con el gerente responsable de la zona. El impacto del anuncio sería tan severo como el del día anterior, con la diferencia de que en estas ciudades nadie tendría mayor tiempo de pensar en lo que realmente estaba sucediendo, porque el cierre se haría efectivo de inmediato.

Fue difícil tener que desarmar la organización que habíamos construido a lo largo de cuatro años. Decir adiós a tantas personas fue duro y penoso. Muchos de los empleados de las áreas de crédito, cobranza, y venta directa serían contratados por la otra empresa. Pero no había la misma seguridad para los vendedores de nuestras tiendas, el personal de almacén, y demás empleados administrativos. La mayoría de ellos tuvieron que empezar a buscar empleo en otros lugares. El ambiente de fiesta y bullicio que siempre había caracterizado a nuestra oficina principal se tornó en un silencio sepulcral.

La implementación del acuerdo se realizó en forma rápida y eficiente, y se completó en un período más corto que el previsto. Es irónico que la misma rapidez y efectividad que habíamos empleado para construir la empresa se utilizó para hacerla desaparecer.

Luego de cerrar las tiendas ubicadas fuera de Lima, los jefes de sucursal embarcaron los artefactos remanentes junto con los demás muebles y enseres con destino a nuestro almacén principal en Chorrillos. Lo mismo hicieron los jefes de las tiendas en Lima a medida que estas se fueron cerrando. Lo que llegaba al almacén se iba clasificando en diferentes grupos. Todos los artefactos se transferirían a la otra empresa, mientras que los muebles y computadoras se venderían. Lo que sobraba no era más que una montaña de recuerdos, entre ellos había pancartas, folletos, listas de precios, uniformes, carpas, sillas y mesas plegables de los grupos de venta directa; recuerdos que reflejaban el pasado vibrante de nuestra empresa, pero que ahora no significaban nada.

En tan solo unas semanas la planilla de personal se redujo de más de seiscientos empleados a menos de diez. Los que quedaron se mudaron a una pequeña oficina en San Isidro. La misión de ese grupo reducido de personas era realizar la gestión de cierre de locales, rescisión de contratos, pago a proveedores, liquidación del personal, transferencia de inventarios, y, en particular, la gestión de la cartera de cobranzas. En cartera se encontraban las cuotas mensuales por las ventas al crédito que se habían realizado a decenas de miles de clientes, y era esencial que durante los siguientes dos años se siguiera efectuando la cobranza con la misma efectividad con la que se había realizado en años anteriores, y que había permitido tener una morosidad del 8% y una incobrabilidad menor al 2%.

El producto final de cuatro años de trabajo intenso y apasionado de cientos de personas se resumió en dos activos intangibles, pero de gran valor: la marca líder de cocinas de gas en el Perú, y un innovador proceso de evaluación de crédito para hogares en los niveles socioeconómicos C y D. Estos dos activos constituyeron la base del acuerdo.

Las vivencias y experiencias que habíamos tenido, los momentos extraordinarios que habíamos compartido, y todo lo que aprendimos, solo quedaría grabado en la mente y en los corazones de las más de seiscientas personas que habíamos trabajado en la empresa. Nada de esto sería parte del acuerdo. Estos activos eran invalorables.

Mirando atrás

Todo reencuentro después de un largo tiempo es especial, sin importar si se trata de una reunión de compañeros de colegio, universidad, o trabajo, o si es entre miembros de una familia o amigos que no se han visto por muchos años. Lo especial de un reencuentro son los recuerdos de los momentos compartidos y la oportunidad de recordarlos juntos.

El jueves 24 de enero de 2019 nos reencontramos veintiún personas que habíamos trabajado en la empresa. Habían pasado 22 años desde que nuestra aventura había terminado, y muchos no nos veíamos desde esa época. La alegría y el entusiasmo eran desbordantes. Todos estábamos un poco más viejos, pero los recuerdos parecían estar frescos en nuestras mentes. Cada mirada, cada sonrisa, y cada comentario evocaba una ola de remembranzas, transportándonos por breves instantes al pasado, solo para volver al presente cargados de un sinnúmero de eventos olvidados. Disfrutamos a más no poder recordando mil y una anécdotas del pasado.

El reencuentro fue un momento maravilloso. Fue una ocasión para recordar, para recordar lo que habíamos vivido, para recordar lo que habíamos hecho, para asombrarnos del coraje que habíamos tenido para hacer las cosas que hicimos, y para preguntarnos cómo lo hicimos. La respuesta a esta pregunta será siempre materia de discusión, pero lo más probable es que se debiera a que éramos jóvenes y no teníamos suficiente experiencia. Éramos jóvenes y no teníamos miedo. No teníamos miedo a explorar lo desconocido, y tampoco miedo a fallar. Y cualquier temor que pudiéramos haber traído de nuestras vidas profesionales anteriores, o de experiencias personales infructuosas, fue dejado de lado, y nos sumergirnos incondicionalmente en la cultura organizacional que nosotros mismos habíamos creado. Una cultura en la que nos desvivíamos por los clientes. Una cultura en la que no solo teníamos el derecho de pensar en forma diferente, sino en la que nos exigíamos unos a otros a contribuir nuevas ideas y a asumir riesgos. Una cultura en la que todos los empleados estaban comprometidos con lograr objetivos comunes.

Pero el reencuentro no solo fue un momento para recordar el pasado que habíamos compartido, fue también una oportunidad para muchos de comprender como había terminado esa aventura, y escribir de esa forma las últimas páginas de la historia en sus memorias. Y es que los últimos días de la empresa pasaron muy rápido, demasiado rápido para poder entender lo que estaba sucediendo, especialmente para aquellas personas que se alejaron de la organización poco después del anuncio del acuerdo.

Yo tuve la fortuna de permanecer en la empresa hasta casi el final, hasta que solo quedábamos unas cuantas personas, hasta aquel momento en que terminamos de despiezar cuidadosamente la organización que con tanto afán habíamos construido, y lo que quedaba no era más que un contrato de licencia de uso de marca. En noviembre de 1997 mi misión estuvo cumplida y fue el momento de empacar los recuerdos de tres años maravillosos, pasar la página, y concluir ese capítulo de mi vida.

Debo confesar que los primeros meses después de dejar la empresa e iniciar mi siguiente aventura profesional fueron extraños. Habíamos estado viviendo a cien por hora, y el mundo que encontré iba en el carril de la derecha a paso de tortuga. Me costó adaptarme a la nueva realidad. Encontré que le sobraban horas a los días, y no sabía qué hacer con ellas. En el pasado nunca nos había sobrado tiempo, todo lo contrario, siempre nos había faltado.

Fue un período en el que pude reflexionar y traté de entender la importancia del viaje que había culminado, pero tenía dudas y preguntas. Tuvieron que pasar varios años antes de que pudiera encontrar respuestas claras, pero finalmente las hallé. El valor real de la experiencia que habíamos vivido no fue un tema de logros o resultados económicos. El verdadero significado de nuestra aventura fue la mentalidad que tuvimos como grupo humano, la sed por retos, y la voluntad de construir nuestro propio futuro.

Como solía decir el gran Sergio Marchionne, el verdadero valor de un líder no se mide por lo que consigue durante su carrera profesional, ni por los resultados que alcanza, sino por lo que da a otros y por la cultura organizacional que deja atrás. Alan fue ese líder que tuvo una visión, la perseverancia, y sobre todo el coraje de soñar. Alan nos enseñó a no tener miedo al cambio, por el contrario, nos inspiró a iniciarlo. El gran logro de nuestra empresa fue la creación de un grupo de personas apasionadas, capaces de sacar lo mejor en los demás. Ese fue el verdadero legado de la organización. El contrato de licencia de uso de marca que suscribimos con la otra empresa fue solo un subproducto. El verdadero valor que habíamos creado en la organización nos lo llevamos todos los que habíamos trabajado ahí cuando nos fuimos.

En la actualidad, empresarios y ejecutivos en muchas partes del mundo expresan su preocupación por la falta de compromiso laboral de sus empleados. Dicen que estos no muestran motivación por el trabajo, ni tampoco interés en que la empresa sea exitosa. De los mandos medios, los ejecutivos dicen que no ven la gestión del negocio como empresarios. Curiosamente, los mandos medios y el personal en general piensan que los altos ejecutivos no saben dirigir la empresa. Lo más probable es que la razón de las quejas de ambas partes sea la ausencia de un verdadero liderazgo en dichas organizaciones, la ausencia de líderes con visión y valores que inspiren a sus seguidores, la ausencia de líderes en los cuales pueda confiar el personal al punto de querer involucrarse emocionalmente con la empresa.

Algunos lectores pueden creer que una experiencia laboral que ocurrió hace un cuarto de siglo no puede servir de ejemplo ni fuente de inspiración en la realidad del mundo de hoy. Es cierto que el mundo alrededor nuestro ha cambiado en los últimos veinte años, y muchísimo más en los últimos dos mil años. Pero la naturaleza humana no ha cambiado, y tampoco la esencia del verdadero liderazgo. Los motivos por los que el personal de SpaceX quiere trabajar con Elon Musk son los mismos por los que trescientos espartanos decidieron seguir a Leónidas a la batalla de Termópilas hace dos mil quinientos años. Ambos líderes presentaron una visión que inspiró a sus seguidores, una visión de que juntos podrían hacer algo grandioso, algo que los demás veían como imposible.

Los que trabajamos en la organización tuvimos la oportunidad de comprender lo que es el verdadero liderazgo, y lo que puede lograrse con él. Nosotros teníamos una visión clara de lo que queríamos alcanzar, y sabíamos a dónde íbamos. Esto contrasta fuertemente con las empresas lideradas por gerentes eficientes, pero que carecen de una visión, y no les queda más que perseguir incesantemente a sus competidores, sin siquiera saber adónde van.

También tuvimos la fortuna de entender que un líder auténtico pone los intereses de clientes y empleados por delante de los propios, y que esa actitud es la verdadera fuente de inspiración y motivación para que los miembros de un equipo se alineen y comprometan con un objetivo común.

Pero el verdadero liderazgo y el liderazgo auténtico no son cosa común en las empresas, por el contrario, parecen ser la excepción. Es por ese motivo que siempre estaré agradecido por haber tenido la oportunidad de ser parte de ese impresionante grupo de personas, con el que hicimos de un sueño la más increíble aventura.

Apéndices

Figura 1: Organigrama de la empresa en 1995

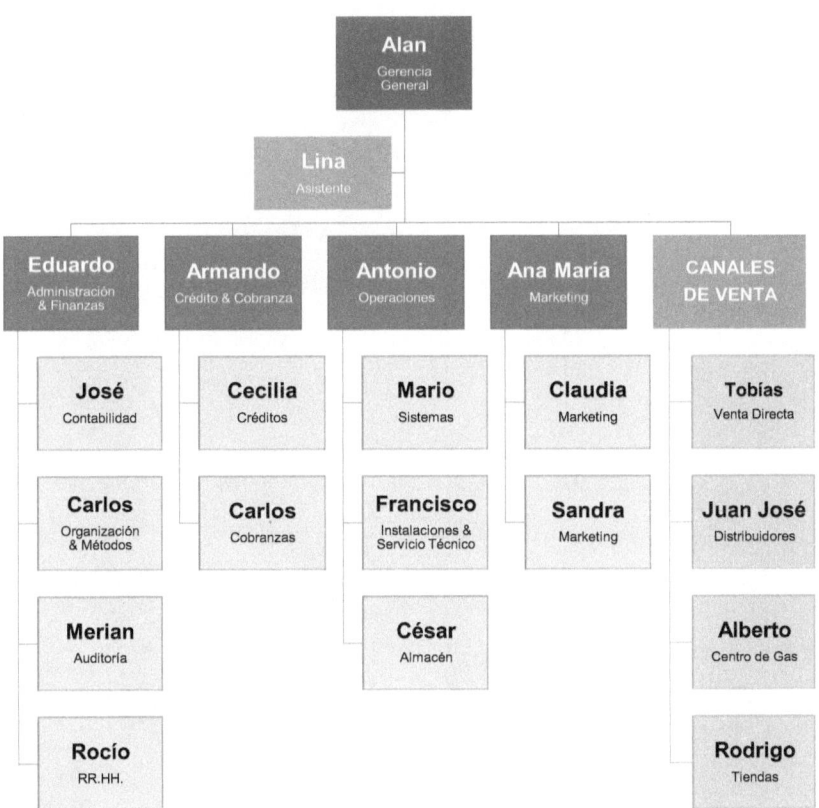

Cuadro 1: Porcentaje de viviendas en el Perú en 1993 según material de construcción predominante
(Fuente: INEI - Censo Nacional de Población y Vivienda 1993)

Material predominante en paredes exteriores	%
Ladrillo o bloque de cemento	35,7%
Piedra o sillar con cal o cemento	1,2%
Adobe o tapia	43,3%
Quincha (caña con barro)	4,7%
Piedra con barro	3,1%
Madera (pona, tornillo, otros)	7,0%
Otro material (triplay, calamina, estera, otros)	4,9%
	99,9%

Material predominante en los pisos	%
Parqué o madera pulida	5,7%
Láminas asfálticas, vinílicos o similares	1,8%
Loseta, terrazos, cerámicos o similares	5,1%
Madera	5,1%
Cemento	32,0%
Tierra	49,6%
Otro material (piedra, ladrillo, arena, empedrado, hormigón, otros)	0,7%
	100,0%

Cuadro 2: Porcentaje de viviendas en el Perú en 1993
según tipo de abastecimiento de agua
y suministro eléctrico
(Fuente: INEI - Censo Nacional de
Población y Vivienda 1993)

Tipo de abastecimiento de agua	%
Red pública dentro de la vivienda	43,1%
Red pública fuera de la vivienda, pero dentro del edificio	3,6%
Pilón de uso público	10,7%
Pozo (subterráneo)	11,6%
Camión cisterna u otro similar	5,2%
Río, acequia, manantial o similar	23,3%
Otro (solicita a los vecinos u otras formas de abastecimiento)	2,5%
	100,0%

Suministro de electricidad por red pública	%
Dispone	54,9%
No dispone	45,1%
	100,0%